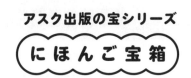

日本で生活する外国人のための

いろんな書類の書き方

岩田一成　編著

和泉智恵　奥村玲子　高木祐輔　福本亜希　間瀬尹久

contents

共通項目 _{きょうつうこうもく}	7

生活 _{せいかつ} … 11

- ◆ことばノートA …………………12
  - 1．書留・特定記録郵便物 …………13
  - 2．ゆうパック・宅配便・宅急便 …14
  - 3．ゆうちょ銀行の口座開設 ………16
  - 4．定期券購入申込書 ………………20
  - 5．履歴書 ……………………………22
  - 6．現金両替票 ………………………24

役所 _{やくしょ} … 25

- ◆ことばノートB …………………26
  - 1．住民票の写しの請求書 …………28
  - 2．委任状 ……………………………30
- ◆ことばノートC …………………32
  - 3．婚姻届 ……………………………34
  - 4．離婚届 ……………………………36
  - 5．出生届 ……………………………38
- ◆ことばノートD …………………40
  - 6．脱退一時金請求書 ………………42
  - 7．納税証明交付請求書 ……………44
  - 8．介護保険申請書 …………………46

病院 _{びょういん} … 49

- ◆ことばノートE …………………50
  - 1．歯科 ………………………………52
- ◆ことばノートF …………………55
  - 2．産婦人科 …………………………56
  - 3．喉：耳鼻咽喉科 …………………58
  - 4．耳：耳鼻咽喉科 …………………60
  - 5．鼻：耳鼻咽喉科 …………………62
  - 6．整形外科 …………………………64
- ◆ことばノートG …………………66
  - 7．内科 ………………………………68

  - 8．インフルエンザ予防接種予診票 …70
- ◆ことばノートH …………………72
  - 9．小児科 ……………………………74

こども1 … 77

- ◆ことばノートI …………………78
  - 1．保育所入所申込書 ………………80
  - 2．保育所用求職活動申立書 ………84
  - 3．幼稚園入園願 ……………………86
  - 4．外国人入学申請書 ………………87
  - 5．就学援助費申請書 ………………88
  - 6．名前調査票 ………………………89

こども2 … 91

- ◆ことばノートJ …………………92
  - 7．食物アレルギー調査票 …………93
  - 8．就学児健康診断健康調査票 ……94
  - 9．児童（生徒）調査票 ……………96
  - 10．給食費減免申請書 ……………100
  - 11．インフルエンザによる欠席届・
    治癒報告書 ………………………101
  - 12．連絡帳 …………………………102

引っ越し _{ひっこし} … 103

- ◆ことばノートK …………………104
  - 1．転居届 …………………………106
  - 2．電気・ガス・水道
    使用停止の申し込み ……………108
  - 3．電気・ガス・水道
    使用開始の申し込み ……………110
  - 4．インターネットプロバイダの
    解約届 ……………………………112

簡易辞書 … 113

2

はじめに

学習者のみなさま

　この本は、日本社会で生活するのに必要な書類を集めたものです。自分の生活に合わせて好きな書類を練習してみましょう。難しい言葉がたくさんでてきますが、文法はとても簡単です。少しずつ辞書などで調べながら、がんばって書いてください。この本にある書類の他にも、生活ではいろいろな書類を書かなければなりません。少しずつ慣れていけるといいですね。

支援者のみなさま

　この本には、生活の様々な場面で出くわす書き込み書類（生教材）を集めました。5つの場面から約40種類のトピック（書類）を集めています。現在、日本語教育の分野では段階的な教育思想が浸透しており、地域日本語教室でも初級・中級の総合教材が広く使われています。一方、学習者は今夜病院に行くことになれば問診票を書かなければならず、引っ越しの際にはさまざまな書類を書かねばなりません。こういった書き込み書類は、語彙が特殊なので総合教材をいくら勉強しても書けるようにはなりません。

　日本語教室は、学習者が日ごろから困っている書類などを気楽に持ち寄れる場所になればいいなと願っております。この教材をきっかけに生活密着型の日本語教室が今よりもっと広まることを期待して…。

岩田一成

この本は各執筆陣が自分の特技を生かして関わっています。取りまとめをしてくださったアスク出版の敏腕編集者阿部宥子さんにはこの場を借りてお礼申し上げます。

本の使い方（支援者の方へ）

用意するもの 辞書

　書き込み書類を書くには言葉の理解が重要です。辞書がないと活動はできません。簡易辞書は本冊末についていますが、カバーできない言葉はたくさんあります。学習者に自分の母語で読める辞書を用意してもらいましょう。電子辞書でもスマホのアプリでもかまいません。

本書の構成

本冊	**共通項目：**すべての書き込み書類に共通するものなので、最初にゆっくり練習してください。すでに慣れている人は飛ばしてもかまいません。
	5つの場面：「生活」、「役所」、「病院」、「子ども」、「引っ越し」から成ります。今学習者が興味を持っているものから始めましょう。それぞれの扉ページには一覧（翻訳付き）がついていますので学習者と一緒に「困っていることはないですか？」と聞きながら、相手の興味を引き出しましょう。
	簡易辞書＊：書き込み書類を読むうえでキーワードとなる語彙を五十音で並べて五か国語（英語・中国語・ポルトガル語・ベトナム語・韓国語）の訳を付けています。「チェック」の言葉はすべて収録しています。
別冊	書き込みの記入例を載せています。記入例を見ながら本冊に書き込みましょう。

＊スペースの都合で巻末には簡訳しかありませんが、ホームページで詳細な訳をアップしています。必要に応じてお使いください。

活動の進め方

① 学習者に聞いて、興味があるトピック（書類）を選びましょう。
② 学習者は「チェック」の言葉がどれくらいわかりますか？
　70％未満　→　言葉を丁寧に確認する。巻末の辞書、自分の辞書を使います。
　70％以上　→　「書き込み練習」を始めましょう。
③ 「書き込み練習」　わからない内容は支援者が相談に乗り、おしゃべりしながら進めるのが理想です。
　＊「ことばノート」には、トピックに関連する言葉を集めました。本冊や別冊の指示に従い「ことばノート」を確認しましょう。

おわび

本書は生教材を扱っています。ものによっては、レイアウトの都合上、文字が小さくなっています。見にくい方は、お手数ですが、虫めがね等のご利用をお願いします。

「にほんご宝箱　支援サイト」では関連するお役立ち情報をインターネット上で公開しています。本冊の中でこのアイコンを見つけたら、一度のぞいてみてください。
http://www.ask-support.com/japanese/

Q & A

Q どこから始めたらいいですか？
A 書き込み書類に慣れていない人は、まず共通項目から始めてください。その後は、学習者の興味に合わせて、好きなトピックを選びましょう。

Q 本教材を使用する際に気を付けることは？
A 書き込み書類は、語彙の指導がかなめです。語彙力が低い方には、丁寧に辞書で確認させてあげてください。

Q 対象となる学習者のレベルは？
A レベルは問いません。生活上、書き込み書類が必要な人すべてが対象です。

Q 基礎的な日本語力は必要なのではないでしょうか？
A もちろんあったほうが書きやすいです。ただ極端な話ですが、学習者が日本語を全く読めなくても、どこの空欄に何を書き込むのかがわかれば目的は達成できます（書類によってはローマ字記入も可）。相手に合わせて柔軟にお使いください。

Q トピックは、どうやって選びましたか？
A 基準は日本で生活をするために必要なものです。執筆者間の話し合いやアンケートを基に設定しました。

Q ここにあるトピックをすれば日本での生活はだいたいカバーできますか？
A いいえ。本書の書き込み書類はほんの一部です。学習者のニーズは異なるため、全体を網羅することなどできません。支援者から「自分が困っている書類があれば持ってきてください」と学習者に声かけをしてくださればば、活動は広がります。

共通項目
きょうつうこうもく

Basic items　共通内容　Temas gerais　공통 항목
Những mục thường thấy trên các mẫu đơn

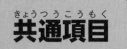

Basic items　共通内容　Temas gerais
공통 항목　Những mục thường thấy trên các mẫu đơn

まずはこのページからはじめてください。
これらはよく聞かれます。

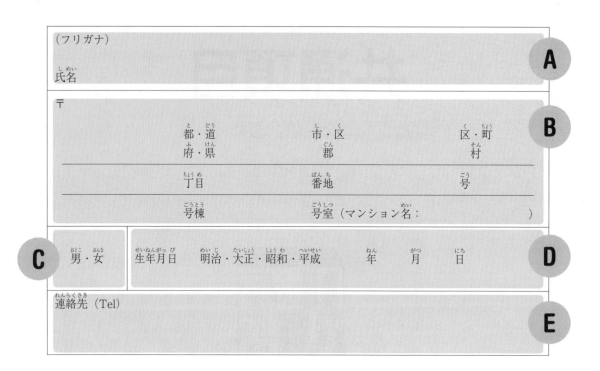

A　氏名（名前）

名前を漢字やアルファベットなどで書いて、読み方をカタカナで書きましょう（在留カードと同じように書きましょう）。

（フリガナ）	イワタカズナリ	ジョアン　ロドリゲス
氏名	岩田　一成	Joam Rodriguez

（ふりがな）	いわたかずなり	じょあん　ろどりげす
氏名	岩田　一成	Joam Rodriguez

ここが（ふりがな）のときは、ひらがなで書きます。

B 住所（どこに住んでいますか？）

すべてが埋まるわけではありません。

一軒家に住んでいる人

〒 150-8938						
	東京	都・道 府・県	渋谷	市・区 郡		区・町 村
	広尾	4 丁目	3	番地	1	号
		号棟		号室（マンション名：		）

アパート／マンションに住んでいる人

〒 162-8558						
	東京	都・道 府・県	新宿	市・区 郡		区・町 村
	下宮比町	2 丁目	6	番地		号
		B 号棟	201	号室（マンション名：コーポアスク		）

共通項目

C 男・女 （自分に合うものに○をつけます）

（男）・ 女

D 生年月日 （誕生日）

i 西暦と和暦
例 西暦1974年5月17日 和暦 昭和49年5月17日

ii 和暦（明治［M］・大正［T］・昭和［S］・平成［H］）について

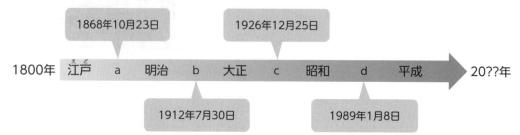

それぞれの変換公式

a〜bの間に生まれた人 明治 生まれ	西暦（の下2桁）−67
	例 1899年生まれの人 99−67＝明治32年
b〜cの間に生まれた人 大正 生まれ	西暦（の下2桁）−11
	例 1917年生まれの人 17−11＝大正6年
c〜dの間に生まれた人 昭和 生まれ	西暦（の下2桁）−25
	例 1974年生まれの人 74−25＝昭和49年
d〜に生まれた人 平成 生まれ	西暦（の下2桁）＋12
	例 1997年生まれの人 97＋12＝平成9年 2001年生まれの人 1＋12＝平成13年

＊昭和や平成をS［昭和］、H［平成］のようにアルファベットで書くこともあります。
例 平成27年 ＝ H27年

E 連絡先 （電話番号を書いてください）

例 090-1234-5678

いろいろなパターンがあります。

自宅連絡先	自分の家の電話番号です。携帯でもかまいません。
勤務先	仕事をしているところの電話番号です。
日中連絡が取れる連絡先	昼間、連絡が取れる電話番号（携帯や勤務先の番号）です
緊急連絡先	親や親戚、とても親しい人など、緊急の時に連絡を伝えたい人の電話番号です。

生活
せいかつ

Life　日常生活　Dia a dia　생활　Đời sống

- ◆ことばノートA「荷物の配達」……………………………… 012

1. 書留・特定記録郵便物 ……………………………………… 013
   Registered mail, specific record mail　挂号, 特定记录邮件　Cartas e encomendas registradas　등기우편/특정기록 우편물　Thư đảm bảo, thư đảm bảo thường

2. ゆうパック・宅配便・宅急便 ……………………………… 014
   Yu-Pack, parcel delivery service, express home delivery　日本邮政快递服务, 上门递送服务, 快递上门递送服务　Yu-Pack, serviços de entrega de encomendas, serviço de entrega expressa　우체국 택배/택배 /택배 서비스 상품명　Yu-Pack, dịch vụ giao hàng tận nhà, dịch vụ giao hàng tận nhà của Yamato

3. ゆうちょ銀行の口座開設 …………………………………… 016
   Opening an account with Japan Post Bank　在日本邮政银行开账号　Abertura de conta no banco Yuucho (Japan Post)　우체국은행의 계좌 개설　Mở tài khoản ngân hàng Bưu Điện Nhật Bản

4. 定期券購入申込書 …………………………………………… 020
   Application form for commuter pass　月票购买申请表　Formulário para pedido do Teikiken (passe de trem com desconto)　정기권 구입 신청서　Bản đăng ký làm thẻ vé tháng

5. 履歴書 ………………………………………………………… 022
   Resume　个人履历简介　Currículo　이력서　Sơ yếu lí lịch

6. 現金両替票 …………………………………………………… 024
   Cash Exchange Table　现钞兑换表　Tabela de troca de dinheiro　현금 환전표　Phiếu đổi tiền mặt

ことばノート A

荷物の配達
Delivery of parcels　接收邮件　Entrega de encomendas
화물(짐) 배달　Giao bưu kiện

① 配達

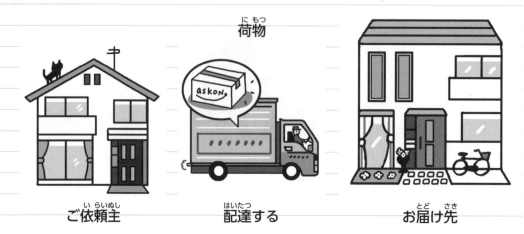

ご依頼主　　配達する　　お届け先

② 荷物の種類

ビン類　　こわれもの（ワレモノ）　　なまもの

③ 荷物の運び方

逆さま厳禁　　下積み厳禁

書留・特定記録郵便物

郵便局から送るいろいろな手紙

 チェック！

ご依頼主（手紙を出す人）、お届け先（手紙が届くところ）、太枠（太い線で囲まれたところ）

➡ ことばノートA（12ページ）

生活

書き込み練習

書留・特定記録郵便物等差出票

（ご依頼主のご住所・お名前）

　　　　　　　　　　　　　　　　　　　　　　　　　　　様

お届け先のお名前	お問い合わせ番号	申請損害要償額	料金等	摘要
様				
様				
様				

ご注意　太枠の中のみご記入ください。ただし、特定記録郵便物等については、お届け先のお名前は不要です。

日本郵便株式会社

MEMO｜郵便局から送る手紙の種類

	記録	賠償	特徴
書留	○	○	記録と補償がある
特定記録郵便物	△	×	受け取りだけ記録をとってくれる
簡易書留	○	○	書留よりも安いが、記録や賠償が少ない
現金書留	○	○	お金を送っても大丈夫な書留
速達	×	×	到着が速い
ゆうメール	×	×	冊子や本を安く送る（手紙はダメ）

ゆうパック・宅配便(たくはいびん)・宅急便(たっきゅうびん)

荷物(にもつ)を送(おく)るときの方法(ほうほう)

 チェック！

お届(とど)け先(さき)（荷物(にもつ)が届(とど)くところ）、ご依頼主(いらいぬし)（荷物(にもつ)を出(だ)す人(ひと)）、こわれもの（ワレモノ：壊(こわ)れやすいもの）、なまもの（果物(くだもの)や肉(にく)などの生(なま)のもの）、ビン類(るい)（ビンなど）、クール（冷凍(れいとう)や冷蔵(れいぞう)すること）

➡ ことばノートA（12ページ）

 書き込み練習① ゆうパック

◎ 大切(たいせつ)なお荷物(にもつ)を、しっかりと丁寧(ていねい)にお届(とど)けします。

お届け先

〒□□□-□□□□
おところ

おなまえ　　　　　　　　　　　様(さま)

でんわ　　（　　　）

ご依頼主

〒□□□-□□□□
おところ

おなまえ　　　　　　　　　　　様

でんわ　　（　　　）

同一(どういつ)あて先割引用(さきわりびきよう)　― ―
お問(と)い合(あ)わせ番号

お届(とど)け通知(つうち)　　お問い合わせ番号
必要(ひつよう)・不要(ふよう)　　1234-5678-9999

配達希望日(はいたつきぼうび)　　受付日(うけつけび)
　　　　　　　　　年　月　日
　　月　　日　　配達予定日(はいたつよていび)
　　　　　　　　　　　月　日

配達希望時間帯(はいたつきぼうじかんたい)　希望時間なし
午前(ごぜん)・12-14時・14-16時・16-18時・18-20時

品名(ひんめい)　　　　　　　個目(こめ)
　　　　　　　　　　　　　　個口(こぐち)
　　　　　　　　　　　お荷物の価格(かかく)

こわれもの・なまもの・ビン類(るい)・逆(さか)さま厳禁(げんきん)・下積(したづ)み厳禁

受付印(うけつけいん)

ゆうパック
JP POST

書き込み練習② 宅急便・宅配便

お届け先	ご希望のお届け日
郵便番号	月　　　　日
電話番号	
住所	ご希望の方はお届け時間帯に○をしてください。 午前中 12時⇒14時 14時⇒16時 16時⇒18時 18時⇒20時 20時⇒21時
氏名　　　　　　　　　　　　様	
ご依頼主	
郵便番号	
電話番号	品名（ワレモノ・なまもの）
住所	
氏名　　　　　　　　　　　　様	クール　　冷凍　　冷蔵

MEMO　荷物の種類と送り方

種類

ゆうパック	郵便局で送る荷物。
宅急便	ヤマト運輸で送る荷物。
宅配便	郵便局・ヤマト運輸以外の会社で送る荷物。

送り方

①宅急便・宅配便の取り扱いをしているお店（取扱店）や営業所、コンビニに荷物を持っていきます。

②電話やインターネットで申し込んで、荷物を取りに来てもらいます。

＊荷物は、送るときにお金を払います。しかし、「着払い」を選ぶと、受け取る人がお金を払うことになります。

生活

15

3 ゆうちょ銀行の口座開設

全国の郵便局・ATMでお金の出し入れができる銀行

①総合口座利用申込書

✓ チェック！

送金機能（他の銀行にお金を送ったり、他の銀行からお金を受け取ったりする機能）
オートスウィング限度額（利用上限額のこと、1000万円が上限）、 お預け入れ金額（最初に通帳に入れるお金） おところ（住所）

📝 書き込み練習

種類	通常：1 貯蓄：2	送金機能	有 □	オートスウィング基準額	千	百	十	万	千	百	十	円

おところ

郵便番号 □□□-□□□□　　　ご連絡先電話番号（左詰めでご記入ください）□□□□-□□□□-□□□□

フリガナ

漢字

おなまえ

フリガナ

漢字

生年月日	明治：1 大正：2 昭和：3 平成：4	元号 □ 年 □□ 月 □□ 日 □□

キャッシュサービス	キャッシュサービスを利用する場合は、全ての欄にご記入ください		
	デビット機能	カード種類	暗証番号必須取扱い
通帳・カード：1 カード　　　：2 利用しない　：9	利用する　：1 利用しない：9	Suica付	申し込む　　：1 申し込まない：9
ボランティア	国際協力（全般）：1 国際協力（環境）：2 申し込まない　　：9		性別 男性：1 女性：2

MEMO | 外国人が口座を開くとき①

これらの書類を書いて出さなければなりません。

①総合口座利用申込書

②非居住者等届書（日本に来て1年以上経っている人は不要です）

③お取引目的等の確認のお願い

16

②非居住者等届書

✓ チェック！

非居住者（日本に住んでいない人［外国に籍がある人］）、国外住所（日本以外の国にある住所）、国籍（出身の国）、入国年月日（いつ日本に来たか）、恒常的施設（会社などが日本国内に持っている施設［支店や工場など］）、外交特権（国を代表する仕事をする人［外交官など］や機関が持つ特別な権利）

書き込み練習

独立行政法人郵便貯金・簡易生命保険管理機構が管理する郵便貯金については、同機構に届出します。

□ 区分 該当の項目に○をつけてください	1　非居住者への変更（非居住者） 2　非居住者への変更（外国法人） 3　居住者への変更
フリガナ □ 氏名又は名称	
□ 届出をする貯金の記号番号	
□ 利子の還付先の通常貯金記号番号	

（※次の欄は、個人の場合のみ記入してください）

個人の場合	□ 国外住所又は居所	（ご連絡先電話番号　　－　　－　　）
	□ 国籍	
	入国年月日	年　　　　　月　　　　　日

□ 日本国内の恒常的施設所持の状況	あり（ありの場合は名称・所在地を記入してください）・なし
	名称
	所在地

□ 外交特権所持の状況	あり　　　　なし

MEMO｜外国人が口座を開くとき②

郵便局にこれらを持っていかなければなりません。
①在留カード
②パスポート（日本に来た日を証明します）
③印章（ハンコ）

③お取引目的等の確認のお願い

> ✓ チェック！
>
> 名義人（通帳に名前がある人、本人［口座を作る人］）　代理人（本人ではない人、代わりの人）　親権者（本人の親など）　生計費（生活費：生きていくために必要なお金）、給与（給料：会社からもらうお金）　年金（高齢者などがもらうお金）　貯蓄（貯金：お金を貯めること）

Q 仕事のことばです。自分がどれに当てはまるか周りの人と相談しましょう。

・会社員／団体職員（公社や公団で働いている人）
・会社役員／団体役員（公社や公団の役員）
・公務員
・パート／アルバイト／派遣社員／契約社員
・主婦
・学生
・退職された方／無職の方（仕事がない人）／未就学児（まだ学校に行っていない子ども）
・個人事業主／自営業（自分で会社をしている人）
・弁護士／司法書士／会計士／税理士

会社員

学生

無職

書き込み練習

お取引の名義人さま	名義人さまのおなまえ 　　　　　　　　　　　　様	代理人さまのおなまえ 代理人・親権者・その他（　　　　　　　） 　　　　　　　　　　　　様

お取引の目的	口座に関するお取引の場合 □生計費決済 □事業費決済 □給与受取／年金受取 □貯蓄／資産運用 □融資 □外国為替取引 □その他（　　　　　　　　）	送金・その他のお取引の場合 □生活費 □商品・サービス代金 □投資／貸付／借入決済 □株式配当金等の受取 □その他（　　　　　　　　）

名義人さまのご職業	□会社員／団体職員 □会社役員／団体役員 □公務員 □パート・アルバイト・派遣社員・契約社員 □主婦	□学生 □退職された方／無職の方／未就学児 □個人事業主／自営業 □弁護士／司法書士／会計士／税理士 □その他（　　　　　　　　）

生活

MEMO｜外国人が口座を開くとき③

　通帳にはお金を出したり入れたりする機能とお金を他の銀行口座に送る機能（送金機能）があります。日本に来てから半年以内は、送金機能をつけることができません（条件は支店によって少し違います。近くの郵便局で相談してください）。

19

4 定期券購入申込書

✓ チェック！

新規（初めて申し込むこと）⇔ 継続（続けて申し込むこと）、通勤（仕事に行くこと）、
通学（学校に行くこと）、現金（お金）、クレジット（クレジットカード）

Q 左のことばはどんな意味ですか。線でむすびましょう。

1 最寄駅 ・		・途中で通る駅
2 経由 ・		・（定期を）使うことができる長さ
3 区間 ・		・一番近い駅のこと
4 有効期間・		・AとBの間

Q Suicaは、JR東日本による電子マネーで、定期券にすることができます。自分が住んでいる街にはどんな電子マネーがありますか、周りの人と話してみましょう。定期になる電子マネーは、Kitaca、manaca、ICOCA、SUGOCA、などいろいろあります。

MEMO

JRの定期券は使用開始の14日前から購入することができます。また、ネットでも申し込みをすることができます。

書き込み練習

新規・継続	通勤・通学
	Suica定期券希望（きぼう）　　する・しない
	カタカナでご記入（きにゅう）ください。 　　　　　　　　　　　　　　　　　　　　男・女 　　　　　　　　　　　　　　　　様（さま）　　才（さい）
生年月日	明治・大正・昭和・平成／西暦　　　年　　　月　　　日
電話番号	－　　　　　　－
学校名（がっこうめい）	最寄駅（　　　　　　　駅）
区間	駅　　　　　　　　駅間（かん）
経由	
使用開始（しようかいし） 及（およ）び有効期間	平成　　　年　　　月　　　日から1・3・6箇月（かげつ）
支払方法（しはらいほうほう）	現金・クレジット

5 履歴書（りれきしょ）

進学・求職のために書く書類

✓ チェック！

学歴（これまで勉強した学校の一覧）、職歴（これまで仕事をしたところの一覧）、免許、資格、動機（モチベーション）、特技（自分の優れたところ）、配偶者（結婚相手）、扶養（自分のお金・給料で世話をすること）

書き込み練習

履歴書　　　　　　　　　　　　　　　年　月　日現在

フリガナ		
氏　名	印	写　真
アルファベット		
年　　月　　日生（満　　歳）	性別 男・女	
フリガナ	電話	
現住所　〒		

年	月	学歴・職歴・賞罰

年	月	免許・資格

日本語学習の動機

自己PR

志望動機、特技など

通勤時間	約　　　　分	配偶者	有　・　無
		扶養家族数	人

生活

6 現金両替票

細かいお金・新しいお金に交換するときの方法

✓ チェック！

お申込日（この書類を出す日）、おところ（住所）、内訳（内容）、金種（お金の種類）、枚数（何枚？）

Q 左のことばはどんな意味ですか。線でむすびましょう

1. 金額　　　　　　・　　　　・コイン　丸くてかたいお金
2. 紙幣　　　　　　・　　　　・いくら？　ねだんのこと
3. 硬貨　　　　　　・　　　　・まだ使っていない新しいお金
4. 新券（新札）　・　　　　・1万円、5千円などの紙のお金

✏ 書き込み練習

フリガナ		お申込日　（　　　）年（　　　）月（　　　）日					
おなまえ		おところ					
電話							

ご両替金額

千万	百万	十万	万	千	百	十	円

新券をご希望の場合は○印をご記入ください↓

金種（円）		ご希望金額内訳						枚数
紙幣	壱万			0	0	0	0	
	五千				0	0	0	
	二千				0	0	0	
	千				0	0	0	
硬貨	500					0	0	
	100					0	0	
	50						0	
	10						0	
	5							
	1							

役所
やくしょ

Office　市区行政机构　Órgãos Públicos　관공서　Trụ sở hành chính

- ◆ことばノートB「結婚や家族」··26
- 1. 住民票の写しの請求書··28
  Claim note for copy of resident's card　申请住民票的复印件　Pedido de cópia do Atestado de Residente　주민표의 복사본 청구서　Yêu cầu thanh toán phí in sao phiếu cư trú
- 2. 委任状···30
  Power of attorney　授权委托书　Procuração　위임장　Giấy ủy thác
- ◆ことばノートC「仕事」··32
- 3. 婚姻届···34
  Marriage registration　婚姻登记　Registro de casamento　혼인신고/등록　Đăng ký kết hôn
- 4. 離婚届···36
  Divorce registration　离婚登记　Registro de divórcio　이혼신고/등록　Đăng ký ly hôn
- 5. 出生届···38
  Birth Certificate　出生证明登记　Certidão de nascimento　출생신고/등록　Giấy khai sinh
- ◆ことばノートD「お金」··40
- 6. 脱退一時金請求書···42
  Claim note for a lump-sum withdrawal　解约一次性退税申请填写表　Pedido da restituição parcial da pensão　탈퇴일시금청구서　Yêu cầu thanh toán lương hưu một lần trọn gói
- 7. 納税証明交付請求書··44
  Claim note for tax payment certificate issued invoice　纳税证明申请填写表　Pedido do comprovante de pagamento de impostos　납세증명교부청구서　Yêu cầu thanh toán phí cấp giấy chứng nhận nộp thuế
- 8. 介護保険申請書··46
  Long-Term Care Insurance application form　长期看护护理保险申请填写表　Formulário para o Seguro de Assistência　간병보험신청서　Đơn đăng ký bảo hiểm chăm sóc điều dưỡng

ことばノート B

結婚や家族

Marriage and family　結婚与家庭　Casamento e família
결혼과 가족　Kết hôn và gia đình

① Aさんの結婚生活

独身　→　初婚・結婚（婚姻）　→　同居　→

出産　→　別居　→　離婚・離別　→

再婚　　死別

② 家族

世帯（「家族」と近い意味）
　世帯主　世帯員

Aさん　　Bさん

Bさんが書類を提出する場合、Bさんが「本人」（「窓口に来た人」）です。Bさんは世帯全員の住民票が取れます。

＊世帯主Aさんは、Bさんとの続柄が「夫」です。Bさんは、世帯主との続柄が「妻」です。

③ 子ども

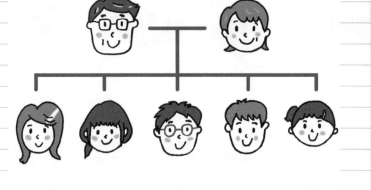

Bさん（父：世帯主）　母

Aさん　24歳　　21歳　　20歳　　18歳　　16歳
　長女　　　次女　　　長男　　次男　　三女

世帯

＊Aさんは、世帯主との続柄が「長女」です。Bさんは、Aさんとの続柄は「父」です。

1 住民票の写しの請求書

写し：役所にある住民票を複製したもの

✓ チェック！

本人（わたし、その人自身）　世帯（「家族」と近い意味）　世帯主（家族の代表）　続柄（関係）　勤務先（仕事をしているところ）　金融機関（銀行など）

→ ことばノート B（26ページ）

A
Q ここは外国人だけ書くことができます。写しに何を書いてほしいですか。

例　住民票の写しに出身国「ブラジル」と在留資格「定住者」を書いてほしい
→ ☑国籍・地域
　□中長期在留者・特別永住者等の区分
　□在留カード等の番号
　☑在留資格・在留期間等・在留期間等満了日

B
Q 使用目的は何ですか？意味が分からない言葉はイラストをみて考えてください。周りの人にも聞いてみましょう。

| 1 免許取得・更新・変更　2 年金申請　3 登記 |
| 4 車両登録　5 勤務先へ提出　6 金融機関へ提出　7 その他 |

MEMO
この書類を出す時、本人を確認する物（パスポート・免許証）が必要です。また、自分の家族以外の住民票を取りたいときには、「委任状」が必要です。

書き込み練習

住民票の写しの請求書

平成（　）年（　）月（　）日		
窓口に来た人	住所	☎（　）－
	フリガナ	
	氏名	明・大・昭・平・西暦　　年　　月　　日
	所在地 会社名 代表者名	（法人等の使者のとき） 印 ☎（　）－
①必要な人との関係		□本人又は同一世帯　　□その他（　　）
どなたのが必要ですか	住所	□窓口に来た人と同じ
	必要な人の氏名	□窓口に来た人と同じ 明・大・昭・平・西暦　　年　　月　　日
	②住民票の写し 　世帯全員　・　世帯員の一部 　　　　　　　　　　　　　通	
	③次の項目は省略されています。記載が必要な場合は✓を付けてください。 □世帯主の氏名及び続柄　□本籍（日本人住民の住民票の写しのみ） □住民票コード 以下は外国人住民のみ □国籍・地域　□中長期在留者・特別永住者等の区分 □在留カード等の番号 □在留資格・在留期間等・在留期間等満了日	A
使用目的は何ですか	1 免許取得・更新・変更　2 年金申請　3 登記　4 車両登録 5 勤務先へ提出　6 金融機関へ提出 7 その他（くわしく記入してください）	B

役所

29

2 委任状

自分の代わりに誰かが市役所に行って書類を出したり書いたりするための書類

✓ チェック!

代理人（本人の代わりに役所に来た人）、使用目的（何のために使うのか）、提出先（この書類を出すところ）、代理権授与内容（何を代理でしてもらうか）、権限、委任（まかせること）、不備(問題点)

Q 本人と代理人のちがいはわかりますか。

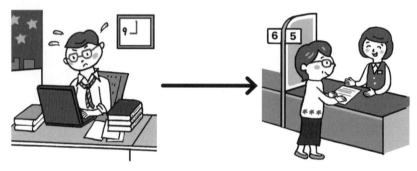

Aさん
（本人：住民票の写しが欲しい）

代理人Bさん
（Aさんの住民票の写しをもらう）

MEMO
委任状は、依頼届とも言います。地域によって名前が違います。この委任状といっしょに、あなたの身分証明ができるもの（保険証や、運転免許証など）をもって役所に行きましょう。

書き込み練習

委任状

代理人	住所 氏名
使用目的	
提出先	 （Tel.　　　－　　　－　　　）
代理権授与内容	

上記の者に代理人として、所定の申請権限を委任したので通知いたします。
また、この内容に不備がある場合またはこの内容を確認するために〇〇市から求められた書類を提出することができない場合は、交付されないことを承諾します。

平成　　年　　月　　日

_____ 様

住　所　：

連絡先電話番号：

氏名（フリガナ）：　　　　　　　　　　　　　　　　印

生年月日：　　　　年　　　月　　　日

役所

ことばノートC

仕事(しごと)
Work　工作　Trabalho
일, 직업　Công việc

① 組織(そしき)・構成員(こうせいいん)

経営者(けいえいしゃ)・雇用者(こようしゃ)（経営(けいえい)する人(ひと)、社長(しゃちょう)）

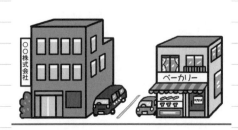

会社(かいしゃ)／企業(きぎょう)　　個人商店(こじんしょうてん)　　　サラリーマン、従業員(じゅうぎょういん)

② 勤務形態(きんむけいたい)

常勤(じょうきん)	Full-time　全职　Tempo integral　상근, 정규직　Toàn thời gian
臨時(りんじ)	Temporary　临时　Temporário　임시　Thời vụ
派遣(はけん)	Contractual worker　派遣公司派遣型临时工 Temporário　파견　Phái cử/Hợp đồng
アルバイト	Part-time job　钟点工　Trabalho temporário　아르바이트 Làm thêm
パート	Part-timer　钟点工　Trabalho de meio período 비상근　Bán thời gian

③ 仕事の種類

農業	Agriculture　农业　Agricultura　농업　Nông nghiệp
自由業	Freelance　个体经营　Profissional liberal　자유업　Tự kinh doanh
商工業	Commerce and industry　商业或工业 Comércio e Indústria　상공업　Công thương nghiệp
サービス業	Service industry　服务业　Indústria de serviços　서비스업 Ngành dịch vụ

役所

会社員

教員

公務員

農家

建設業

看護師

介護士

学生

無職

3 婚姻届（こんいんとどけ）

✓ チェック！

住民登録（じゅうみんとうろく）（住民票（じゅうみんひょう）に登録（とうろく）すること）、世帯主（せたいぬし）（世帯（せたい）の代表（だいひょう））、国籍（こくせき）（出身国（しゅっしんこく））、筆頭者（ひっとうしゃ）（書類（しょるい）で一番上（いちばんうえ）に名前（なまえ）がある人（ひと））、続き柄（つづきがら）（関係（かんけい））、同居（どうきょ）（いっしょに住（す）むこと）、初婚（しょこん）（1回目（かいめ）の結婚（けっこん））、再婚（さいこん）（2回目以降（かいめいこう）の結婚（けっこん））、死別（しべつ）（死（し）んで別（わか）れること）、離別（りべつ）（別（わか）れること）

➡ ことばノートB（26ページ）

📝 書き込み練習

婚姻届 平成　年　月　日	届出殿（とどけでどの）	受理 平成　年　月　日 第　　　　　号	発送 平成　年　月　日
		送付 平成　年　月　日 第　　　　　号	長　印

書類調査	調査票	住民票	住所地通知	届書送付	府票入力	見出入力	戸籍	記載	新戸籍入力	記載	調査

	夫（おっと）になる人（ひと）	妻（つま）になる人（ひと）
（よみかた） 氏名 生年月日	氏　　　名 　年　月　日	氏　　　名 　年　月　日
住所 住民登録をした所（ところ）	番地（ばんち） 番　　号（ばん　ごう） 方書（かたがき） 世帯主の氏名	番地 番　　号 方書 世帯主の氏名
本籍（ほんせき） 外国人（がいこくじん）は国籍（こくせき）を書（か）いてください	番地 番 筆頭者の氏名	番地 番 筆頭者の氏名
父母（ふぼ）の氏名 父母との続き柄	父（ちち） 母（はは）	続き柄 男	父 母	続き柄 女

34

婚姻後の夫婦の氏 新しい本籍	□夫の氏 □妻の氏	新本籍（左の☑の氏の人がすでに戸籍の筆頭者となっているときは書かないでください） 番地 番			
同居を始めたとき	結婚式をあげたとき、または、同居を始めたときのうち　早いほうを書いてください 　　　年　　　月				
初婚・再婚の別	□初婚 再婚　□死別 □離別　　年　月　日		□初婚 再婚　□死別 □離別　　年　月　日		
同居を始める前の 夫婦のそれぞれの 世帯のおもな仕事と 夫妻の職業	□夫□妻　1.農業だけまたは農業とその他の仕事を持っている世帯				
	□夫□妻　2.自由業・商工業・サービス業などを個人で経営している世帯				
	□夫□妻　3.企業，個人商店等（官公庁は除く）の常用勤労者世帯で勤め先 　　　　　の従業者数が1人から99人までの世帯（日々または1年未満の 　　　　　契約の雇用者は5）				
	□夫□妻　4.3にあてはまらない常用勤労者世帯及び会社団体の役員の世帯 　　　　　（日々または1年未満の契約の雇用者は5）				
	□夫□妻　5.1から4にあてはまらないその他の仕事をしている者のいる世帯				
	□夫□妻　6.仕事をしている者のいない世帯				
	(国勢調査の年の4月1日から翌年3月31目までに届出をするときだけ書いてください) 　　夫の職業　　　　　　　　　妻の職業				
その他					
届出人 署名押印	夫　　　　　　　　　　　　　　印　妻　　　　　　　　　　　　印				
事件簿番号		連絡先	電話（　）　　番 自宅・勤務先 呼出　　　　　　　　方		

字は略さず丁寧に書いて下さい。

	証	人	
署名 押印	印		印
生年月日	年　　月　　日		年　　月　　日
住所			
	番地 番　号		番地 番　号
	方書		方書
本籍			
	番地 番		番地 番

役所

MEMO

　結婚するとき、証人（二人が確かに結婚したことを証明する人）が二人必要です。また、外国人と結婚する日本人で、戸籍の筆頭者（戸籍の一番初めに名前がある人）ではないとき、新しく戸籍を作ることができます。本籍をどこにするか自分で決めることができます。

4 離婚届(りこんとどけ)

✓ チェック!

住民登録(じゅうみんとうろく)（住民票(じゅうみんひょう)に登録(とうろく)すること）、世帯主(せたいぬし)（世帯(せたい)の代表(だいひょう)）、国籍(こくせき)（出身国(しゅっしんこく)）、筆頭者(ひっとうしゃ)（書類で一番上(いちばんうえ)に名前(なまえ)がある人(ひと)）、続(つづ)き柄(がら)（関係(かんけい)）、協議離婚(きょうぎりこん)（夫婦(ふうふ)の話(はな)し合(あ)いで離婚すること）、調停(ちょうてい)（裁判所(さいばんしょ)といっしょに離婚(りこん)の話(はな)し合(あ)いをすること）、同居(どうきょ)（いっしょに住(す)むこと）、別居(べっきょ)（いっしょに住(す)まないこと）、初婚(しょこん)（1回目(かいめ)の結婚(けっこん)）、再婚(さいこん)（2回目以降(かいめいこう)の結婚(けっこん)）、死別(しべつ)（死(し)んで別(わか)れること）、離別(りべつ)（別(わか)れること）

➡ ことばノートB（26ページ）

書き込み練習

離婚届	受理(じゅり) 平成 年 月 日 第(だい) 号(ごう)	発送(はっそう) 平成 年 月 日
平成 年 月 日届出(とどけで)	送付(そうふ) 平成 年 月 日 第 号	長印(いん)
長殿(ちょうどの)	書類調査　戸籍記載　記載調査　調査票　附票　住民票　通知	

	（よみかた）	夫(おっと)		妻(つま)	
	氏　名	氏	名	氏	名
	生年月日	昭和 平成　　年　　月　　日		昭和 平成　　年　　月　　日	
	住　所 住民登録を しているところ	．　　　　　　　　番地(ばんち) 　　　　　　　　　番(ばん)　号(ごう) 方書(かたがき)		番地 番　号 方書	
		世帯主 の氏名		世帯主 の氏名	
	本　籍(ほんせき) 外国人(がいこくじん)のときは 国籍(こくせき)だけを 書(か)いてください	筆頭者 の氏名		番地　番	
	父母(ふぼ)の氏名 父母との続(つづ)き柄(がら) （他(た)の養父母(ようふぼ)は その他の欄(らん)に 書いてください）	夫の父(ちち)	続き柄 男	妻の父	続き柄 女
		母(はは)		母	

離婚の種別	□協議離婚　　　　　　　　　　□和解　　　　　年　　月　　日成立 □調停　　年　月　日成立　　□請求の認諾　　　年　　月　　日認諾 □審判　　年　月　日確定　　□判決　　　　　　年　　月　　日確定	
婚姻前の氏に もどる者の 本籍	□夫　　　　　　□もとの戸籍にもどる □妻　は　　□新しい戸籍をつくる	
	番地 番	（よみかた） 筆頭者 の氏名
未成年の子の 氏　名	夫が親権 を行う子	妻が親権 を行う子
同居の期間	昭和 平成　　　　年　　　　　月　から　　　　平成　　　　年　　　　　月　まで （同居を始めたとき）　　　　　　　　　（別居したとき）	
別居する前の 住所	番地 番	
別居する前の 世帯のおもな 仕事と夫妻の 職業	1.農業だけまたは農業とその他の仕事を持っている世帯□ 2.自由業・商工業・サービス業等を個人で経営している世帯□ 3.企業・個人商店等（官公庁は除く）の常用勤労者世帯で勤め先の従業者数が1 　人から99人までの世帯（日々または1年未満の契約の雇用者は5）□ 4.3にあてはまらない常用勤労者世帯及び会社団体の役員の世帯（日々または1年 　未満の契約の雇用者は5）□ 5.1から4にあてはまらないその他の仕事をしている者のいる世帯□ 6.仕事をしている者のいない世帯□	
	（国勢調査の年…　　　年…の4月1日から翌年3月31日までに届出をするときだけ書いてください 夫の職業　　　　　　　　　　　　　　妻の職業	
その他		
届出人 署名　押印	夫　　　　　　　　　　　　印	妻　　　　　　　　　　　　印

証　　　　人		
署名　押印	印	印
生年月日	昭和 平成　　　年　　　月　　　日	昭和 平成　　　年　　　月　　　日
住　　所	番地 番　　　号 方書	番地 番　　　号 方書
本　　籍	番地 番	番地 番

役所

5 出生届 (しゅっしょうとどけ)

子どもが生まれてから14日以内に出さなければならない書類

✓ チェック！

続き柄（関係）、嫡出子（結婚している夫婦から生まれた子ども）⇔嫡出子でない子（非嫡出子：結婚していない夫婦から生まれた子ども）、住民登録（住民票に登録すること）、世帯主（世帯の代表）、国籍（出身国）、同居（いっしょに住むこと）、職業（仕事）、届出人（書類を役所に持ってきた人）

Q 出生届を出す時、この出生証明書が必要です。わからない言葉を、周りの人に聞いてみましょう。

出生証明書　これはお医者さんや助産師さんが書きます

子の氏名	佐藤俊	男女の別	①. 男　2.女
生まれたとき	平成26年12月16日　□午前　☑午後　0 時　13分		

出生したところ及びその種別	出生したところの種別	①.病院 2.診療所 3.助産所　4.自宅 5.その他
	出生したところ	広島市南区中野　番地　1 番　1 号
	（出生したところ1〜3）施設の名称	中野北病院

体重および身長	体重　3010 グラム	身長　50 センチメートル

単胎・多胎の別	①.単胎　2.多胎（ 子中　第 子）

母の氏名	佐藤ミチコ	妊娠週数　満40週 日

この母の出産した子の数	出生子（この出生子及び出生後死亡した子を含む）　1 人　死産児（妊娠満22週以降）　胎

1.医師　2.助産師　3.その他	上記のとおり証明する。　平成26年12月16日　（住所）広島市南区中野　番地　1 番　1 号　（氏名）　石原隆 ㊞

MEMO

　両親が外国人なら、日本で生まれても日本国籍にはなりません。しかし、出生届は提出しなければなりません。これで市町村役場が住民基本台帳に登録します。また、出生後60日間以上日本に滞在する場合は、出生から30日以内に法務省地方入国管理局に在留資格等の取得申請が必要です。

書き込み練習

		出生届 平成 年 月 日届出 殿	受理 平成 年 月 日 第 号		発送 平成 年 月 日			
			送付 平成 年 月 日 第 号				長 印	
			書類調査	戸籍記載	記載調査	調査票	付表	住民票 通知

生まれた子	(よみかた) 子の氏名	氏 名		父母との続き柄	□嫡出子 □嫡出でない子	□男 □女
	生まれたとき	平成 年 月 日 □午前 □午後 時 分				
	生まれたところ					番号
	住所 (住民登録をするところ)	世帯主の氏名		世帯主との続柄		番号

生まれた子の父と母	父母の氏名 生年月日 子が生まれたときの年齢	父 年 月 日(満 歳)	母 年 月 日(満 歳)
	本籍 外国人の時は国籍だけ書いてください	筆頭者の氏名	番地 番
	同居を始めたとき	年 月 (結婚式をあげたときまたは、同居を始めたときのうち早いほうを書いてください。)	
	子が生まれたときの世帯のおもな仕事と父母の職業	1.農業だけまたは農業とその他の仕事を持っている世帯□ 2.自由業商工業サービス業等を個人で経営している世帯□ 3.企業・個人商店等(公官庁は除く)の常用勤労者世帯で勤め先の従業員数が1人から99人までの世帯(日々または1年未満の契約の雇用者は5)□ 4.3にあてはまらない常用勤労者世帯及び会社団体の役員の世帯。(日々または1年未満の契約の雇用者は5)□ 5.1から4にあてはまらないその他の仕事をしている者のいる世帯□ 6.仕事をしている者のいない世帯□ (国勢調査の年 年…の4月1日から翌年3月31日までに生まれたときだけ書いてください) 父の職業 母の職業	

届出人	1. 父・母 2. 法定代理人 3. 同居者 4. 医師 5. 助産師 6. その他の立合い者 7. 公設所の長	
	住所	番地 番
	本籍 番地 筆頭者の氏名 番	
	署名 印 年 月 日生	

役所

ことばノート D

お金 (かね) — money 钱 Dinheiro 돈 Tiền

① 通帳 (つうちょう) — Passbook 存折 Sổ thông hành 통장 Caderneta bancária

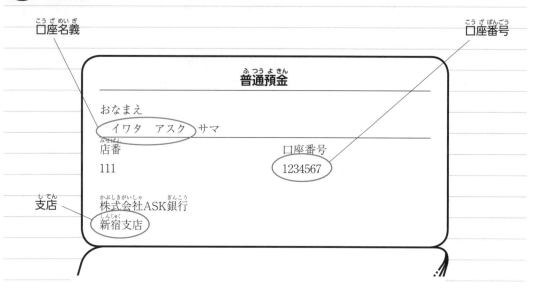

② 年金 (ねんきん) — Pension 养老金 Pensão 연금 Lương hưu

国民年金（国民一般のための年金）
厚生年金（会社で働く人のための年金）

⇒ 被保険者（保険に入っている人）は年金手帳に年金の種類が書いてあります。

*年金手帳

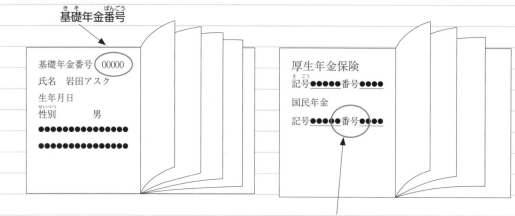

*国民年金、厚生年金など自分が入っていた年金の記号番号が書いてあります。

③ 税金　Tax　税　Imposto　세금　Thuế

①収入 [Income　収入　Renda　수입　Thu nhập] に関係する税

所得税

賃金・報酬・手当て・賞与などに課税される税金です。外国人にも日本人と同様にあります。これはもらう給与から源泉徴収（自動的に取られること）されます。

住民税（市町村税、市県民税）

居住者は、支払わなければなりません（給与があれば、そこから引かれます）。非居住者は、支払う必要はありません。 **法人市民税** は、会社などが払う住民税です。

②財産 [Property　財産　Propriedade　재산　Tài sản] に関係する税

自動車税

自動車をもっている人が払わなければならない税金です。軽自動車の場合、 **軽自動車税** といい、自動車税より安くなります。

自動車重量税

新しく車を買って、登録したときや、車検を受けたときに支払う税で、重量によって異なり、新車の場合は3年、車検のときは有効期間によって2年か1年分を支払います。

不動産取得税

不動産（土地など）を買ったときに払います。税額（値段）は土地の値段によります。

固定資産税 、 **都市計画税**

土地や家、建物などを持っている人が払います。税額（値段）は土地の種類や値段によります。

③その他

消費税

お店などで物を買ったときに支払う税です。2017年現在、8%です。

国民健康保険税

健康保険のためのお金です。病院に行ったとき、安く受診できます。

MEMO　外国人の所得税

永住者：給料や銀行口座に振り込まれたお金、すべてが課税対象です（国内・国外に関係なし）。

非永住者 → 居住者（日本に住所がある、1年以上住んでいる人など）
　　　　　：国内所得はすべて課税対象で、国外での所得も一部課税対象です。

　　　　　→ 非居住者：国内での所得が課税対象となります。

6 脱退一時金請求書

日本を出ていく人がすでに払った年金を一部返してもらうための書類

✓ チェック！

国民年金（国民一般向けの年金）、厚生年金（会社で働いている人向けの年金）、請求者（一時金の返却を求める人）、本人（わたし、その人自身）、サイン（自分で書いた名前）、支店、口座番号（通帳に書いてある番号）、年金手帳、基礎年金番号

➡ ことばノートD（40ページ）

Q あなたは国民年金、厚生年金の被保険者（保険に入っている人）ですか？

　いいえ
　はい　　→　いつか国に帰るとき、年金の一時金を返してもらえるかもしれません。

　＊一時金をもらうと、年金はもらえなくなります。

MEMO

住所がなくなった日から、2年以内に請求することができます。この請求書は、パスポートのコピー、銀行が発行する書類、年金手帳、履歴（公的年金制度加入経過）などを一緒に出さなければなりません。

書き込み練習

脱退一時金請求書（国民年金/厚生年金）

1. 記入日	2. 請求者本人の署名（サイン）
年　　　月　　　日	

3.請求者氏名、生年月日および住所

氏　　名	
生年月日	年　　　　月　　　　日
離日後の住所	国

4.脱退一時金振込先口座

支払機関センター記入欄	1　3	銀行コード		支店コード		預金種別	1

銀　行　名	
支　店　名	
支店の所在地	
口　座　番　号		銀行の口座証明印
請求者本人の口座名義	English カタカナ（日本国内の金融機関を指定した際のみ記載）	

5. 年金手帳の記載事項

基礎年金番号				－					
各制度の記号番号				－					

役所

7 納税証明交付請求書

納税証明：前の年に払った税金額を証明する書類

✓ チェック！

請求者（納税証明を求める人）、納税義務者（税金を払った人・払わなければならない人）、手数料（料金）、太枠（太い線で囲まれたところ）、本人確認書類（自分を証明するもの、IDカード）、運転免許証、保険証（健康保険の加入者証）、返信用切手を貼った封筒（切手を貼り、自分の住所を書いた封筒）、写し（コピー）

Q これはどんな税金でしょう？　線でむすびましょう。

市県民税　　　・　　　　　・家や土地を持っている人が払う税金

法人市民税　　・　　　　　・小さい車（排気量が660cc以下）を持っている人が払う税金

固定資産税　　・　　　　　・住民税とも言う。そこに住んでいる人が払う税金

都市計画税　　・　　　　　・これを払うと、病気やケガなどの時、病院の費用が安くなる

軽自動車税　　・　　　　　・街路、公園、下水道等を作ったり、土地を上手に使うための税金

国民健康保険税・　　　　　・会社や団体が払う税金

MEMO

納税証明書は、自分が払った税金を証明します。ですから、自分の収入も証明することになります。また、税金の滞納がなかったかどうかも証明することになるので、ローンを組むときなどに必要になります。

書き込み練習

証明交付請求書

様

平成　年　月　日

請求者	住所（所在地）	
	氏名（名称）	TEL（　　）　－ 法人のみ代表者印

納税義務者	住所（所在地）	
	ふりがな 氏名（名称）	生年月日 明・大・昭・平　年　月　日

請求内容

税　目	年　度	部　数	1件あたりの手数料
市県民税	平成　　年度	通	200円
法人市民税	平成　　年度	通	200円
固定資産税・都市計画税	平成　　年度	通	200円
軽自動車税	平成　　年度	通	200円
軽自動車税（継続検査用）	車両番号	通	無料
国民健康保険税	平成　　年度	通	200円

上記のとおり請求します。

※　太枠内のみ記入してください。
※　請求者の本人確認をしています。本人確認書類（運転免許証・保険証等）を提示してください。
※　請求者が法人の場合は、「法人名及び代表者氏名」を記入の上、**代表者印**を押してください。
※　郵送で請求の場合、請求書と返信用切手（速達希望の場合は速達分）を貼った封筒を同封のうえ、本人確認書類の写しを添付し、下記宛先に請求をお願いします。
※　請求者が代理人の場合は、委任状が必要です。

役所

8 介護保険申請書

介護が必要なときに出す書類

✓ チェック！

被保険者番号（介護保険の番号）、要介護状態区分（必要な介護のレベル）、有効期間（いつまで効果があるか）、介護保険施設（介護サービスを受けられる施設）、提出代理人（本人の代わりに書類を書く人）、続柄（関係）、主治医（いつもみてもらうお医者さん）

★ 介護が必要な時、まず要介護度（その人がどのレベルの介護を必要としているか）を認定してもらう必要があります。その認定は半年だけ有効です（半年後また、更新します）。

Q 下は、介護サービスを受ける流れです。読みながら、よくわからないところを周りの人に聞いてみましょう。

介護を申請するときの流れ

①住んでいる市町村の窓口で要介護認定の申請をします

②市町村職員が訪問して、聞き取り調査（認定調査）をします

③市町村が主治医に依頼をし、主治医意見書を出してもらいます（主治医がいない場合は、市町村の指定医の診察が必要）。

④一次判定　聞き取り調査の結果及び主治医意見書の一部の項目から
　　　　　　コンピューターで判定。
　二次判定　一次の結果と主治医意見書を基に介護認定審査会が判定。
　　　　　　要介護度が決まる。

＊　要介護度（要支援1～要介護5までの7段階）

要支援1	掃除など身の回りの世話の一部に手助けが必要。排泄や食事は、ほとんど自分でできる。
要支援2	
要介護1	
要介護2	みだしなみや掃除など身の回りの世話の全般に助けが必要。問題行動や理解の低下がみられることがある。
要介護3	
要介護4	
要介護5	みだしなみや掃除など、立ち上がり、歩行や排泄、食事がほとんどできない。ほぼ寝たきりの状態に近い。

http://www.d-kyoto.com/senior/kaigohoken/02.html　より作成

⑤介護（介護予防）サービスを利用するために、介護（介護予防）サービス計画書（ケアプラン）を作成します。
　「要支援1」「要支援2」の人　→地域包括支援センターに相談してください。
　「要介護1」以上の人　→居宅介護支援事業者（ケアプラン作成事業者：介護支援専門員（ケアマネジャー）がいるところ）に相談してください。

MEMO

　介護の申し込みは医療機関や専門家との連絡が必要です。まずは、外国人相談窓口で聞いてみましょう。こういう機会に、自治体のサービスを調べてみましょう。外国籍住民にどのようなサービスがあるでしょうか（医療通訳システムなど）。日本語教室には必ず介護経験者がいらっしゃいます。介護に詳しい人からいろいろお話を聞くといいですね。

介護保険 (要介護・要支援認定 / 要介護更新認定・要支援更新認定) 申請書

様

次のとおり申請します。

<table>
<tr><td rowspan="10">被保険者</td><td colspan="2">被保険者番号</td><td></td><td>申請年月日</td><td colspan="3">平成　　年　　月　　日</td></tr>
<tr><td colspan="2">フリガナ</td><td rowspan="2"></td><td>生年月日</td><td colspan="3">明・大・昭　　年　　月　　日</td></tr>
<tr><td colspan="2">氏　　　名</td><td>性別</td><td colspan="3">男　・　女</td></tr>
<tr><td colspan="2">住　　　所</td><td colspan="5">〒　　－　　　　　　電話番号（　　　）　　－</td></tr>
<tr><td colspan="2" rowspan="2">現在の要介護状態区分等</td><td colspan="5">要介護状態区分　1　2　3　4　5　　　要支援状態区分　1　2</td></tr>
<tr><td colspan="5">有効期間　　平成　　年　　月　　日　から　平成　　年　　月　　日　まで</td></tr>
<tr><td colspan="2">変更申請の理由</td><td colspan="5"></td></tr>
<tr><td rowspan="3">過去6月間の介護保険施設・医療機関等入院入所の有無</td><td></td><td>介護保険施設の名称等・所在地</td><td>期間</td><td colspan="3">年　　月　　日
年　　月　　日</td></tr>
<tr><td></td><td>介護保険施設の名称等・所在地</td><td>期間</td><td colspan="3">年　　月　　日
年　　月　　日</td></tr>
<tr><td></td><td>医療機関等の名称等・所在地</td><td>期間</td><td colspan="3">年　　月　　日
年　　月　　日</td></tr>
<tr><td></td><td>有　・　無</td><td>医療機関等の名称等・所在地</td><td>期間</td><td colspan="3">年　　月　　日
年　　月　　日</td></tr>
<tr><td rowspan="2">提出代理人</td><td colspan="2">氏　　　名</td><td colspan="5">該当に○（家族・民生委員）　本人との続柄</td></tr>
<tr><td colspan="2">住　　　所</td><td colspan="5">〒　　－　　　　　　電話番号（　　　）　　－</td></tr>
<tr><td rowspan="2">提出代行者</td><td colspan="2">名　　　称</td><td colspan="5">該当に○（地域包括支援センター・指定居宅介護支援事業者・指定介護老人福祉施設・介護老人保健施設・介護療養型医療施設）　　　　　　　　　　　　　　　印</td></tr>
<tr><td colspan="2">住　　　所</td><td colspan="5">〒　　－　　　　　　電話番号（　　　）　　－</td></tr>
<tr><td rowspan="2">主治医</td><td colspan="2">主治医の氏名</td><td colspan="5">医療機関名</td></tr>
<tr><td colspan="2">所　在　地</td><td colspan="5">〒　　－　　　　　　電話番号（　　　）　　－</td></tr>
</table>

2号被保険者（40歳から64歳までの医療保険加入者）のみ記入　　※医療保険証の写しを添付してください。

医療保険者名　　　　　　　　　　　　医療保険被保険者証記号番号

特定疾病名

介護サービス計画又は介護予防サービス計画を作成するために必要があるときは、要介護認定・要支援認定にかかる調査内容、介護認定審査会による判定結果、意見、及び主治医意見書を地域包括支援センター、居宅介護支援事業者、居宅サービス事業者、介護保険施設の関係人、主治医意見書を記載した医師又は認定調査に従事した調査員に提示することに同意します。　また、保険給付の制限等のために必要があるときは、その内容を地域包括支援センター、居宅介護支援事業者、居宅サービス事業者、介護保険施設の関係人に提示することに同意します。

本人氏名　　　　　　　　　　　　　印

病院
びょういん

Hospital　医院　Hospital　병원　Bệnh viện

◆ことばノートE「体や病気」……………………………………50
からだ びょうき

1. 歯科 ……………………………………………………………52
  しか
  Dentistry　牙科　Odontologia　치과　Nha khoa

◆ことばノートF「出産」……………………………………………55
しゅっさん

2. 産婦人科 ………………………………………………………56
  さんふじんか
  Obstetrics and gynecology　产妇科　Obstetrícia e Ginecologia　산부인과
  Khoa phụ sản

3. 喉：耳鼻咽喉科 ………………………………………………58
  のど じびいんこうか
  Throat: ENT, otorhinolaryngology　喉：耳鼻喉科　Garganta:
  Otorrinolaringologia (ENT)　목；이비인후과　Họng: Khoa tai mũi họng

4. 耳：耳鼻咽喉科 ………………………………………………60
  みみ じびいんこうか
  Ear: ENT, otorhinolaryngology　耳朵：耳鼻喉科　Ouvido:
  Otorrinolaringologia (ENT)　귀；이비인후과　Tai: Khoa tai mũi họng

5. 鼻：耳鼻咽喉科 ………………………………………………62
  はな じびいんこうか
  Nose: ENT, otorhinolaryngology　鼻子：耳鼻喉科　Nariz:
  Otorrinolaringologia (ENT)　코；이비인후과　Mũi: Khoa tai mũi họng

6. 整形外科 ………………………………………………………64
  せいけいげか
  Orthopedic surgery　骨科手术　Ortopedia　정형외과　Khoa phẫu thuật chỉnh hình

◆ことばノートG「体調不良」………………………………………66
たいちょうふりょう

7. 内科 ……………………………………………………………68
  ないか
  Internal medicine　内科　Medicina Interna　내과　Khoa nội

8. インフルエンザ予防接種予診票 ……………………………70
  よぼうせっしゅ よしんひょう
  Influenza vaccination questionnaire　流感疫苗预防接种预诊表　Cartão de
  vacinação para prevenção de Influenza　인플루엔자 예방접종 예진표
  Phiếu tiêm vắc xin phòng cúm

◆ことばノートH「こどもの病気と注射」…………………………72
びょうき ちゅうしゃ

9. 小児科 …………………………………………………………74
  しょうにか
  Pediatrics　儿科　Pediatria　소아과　Khoa nhi

ことばノート E

体や病気
Body and disease　身体与生病
Corpo e doenças　몸과 질병　Cơ thể, bệnh tật

① 体

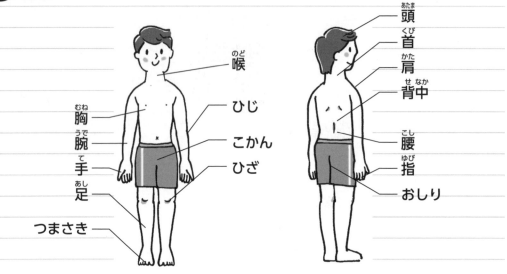

② 内臓

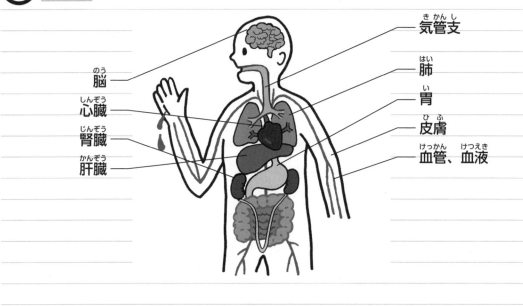

③ 問診票で聞かれる病気

脳 Brain, 脑, Cérebro, Não, 뇌	**脳梗塞、脳卒中** Stroke, 脑卒中, Acidente Vascular Cerebral, Tai biến mạch máu não, 뇌졸중 脳の血管が詰まったりして、脳が死んだような状態になる病気です。
血（血液） Blood, 血液, Sangue, Máu, 피	**高血圧（症）** High blood pressure, 高血压, Hipertensão, (Bệnh) Huyết áp cao, 고혈압 血圧が普通の範囲より高いです。
	低血圧（症） Low blood pressure, 低血压, Hipotensão, (Bệnh) Huyết áp thấp, 저혈압(증) 血圧が普通の範囲より低いです。
	糖尿病 Diabetes, 糖尿病, Diabetes, Bệnh tiểu đường, 당뇨병 血液の中にあるブドウ糖が多いです。血糖が高いです。
	高脂血症 Hyperlipidemia, 高脂血症, Hiperlipidemia, Bệnh mỡ máu cao, 고지혈증 血液の中に脂肪が増えている状態
	痛風 Gout, 痛风, Gota, Thống phong, 통풍 血液中の尿酸値が高くなり、体のいろいろなところが痛くなります。
心臓 Heart, 心脏, Coração, Tim, 심장	**心不全、心筋梗塞、狭心症** Heart failure, 心脏衰竭, Insuficiência cardíaca, Suy tim, 심부전 心臓の機能低下、血管が細くなることなどが原因で起こる病気です。
肝臓 Liver, 肝, Fígado, Gan, 간	**肝炎** Hepatitis, 肝炎, Hepatite, Viêm gan, 간염 肝臓が炎症を起こします。ウイルスやアルコールなどが原因です。
	肝硬変 Cirrhosis of the liver, 肝硬化, Cirrose hepatica, Xơ gan, 간경화 肝臓が硬くなります。肝炎が続くとこれになります。
胃 Stomach, 胃, Estômago, Dạ dày, 위	**胃潰瘍** Stomach ulcer, 胃溃疡, Úlcera gástrica, Loét dạ dày, 위궤양 胃の皮膚や粘膜がただれることです。
気管支 Bronchial tube, 支气管, Brônquio, Khí quản, 기관지	**喘息** Asthma, 哮喘, Asma, Hen suyễn, 천식 気管支などの空気の通り道が炎症で、狭くなる病気。咳がたくさん出ます。
皮膚 Skin, 皮肤, Pele, Da, 피부	**アトピー** Atopia, 皮肤过敏, Atopia, Viêm da atopy, 아토피 アレルギーの一つで、皮膚が炎症を起こす病気です。
	発疹／蕁麻疹 Rash/ Hives, 皮疹/荨麻疹, Urticária, Phát ban, nổi mề đay, 발진/두드러기 皮膚が炎症を起こす病気です。赤くなり、かゆくなります。
目 Eye, 眼, Olho, Mắt, 눈	**緑内障** Glaucoma, 绿内障, Glaucoma, Bệnh tăng nhãn áp, 녹내장 目の病気。見えにくくなります。
その他	**前立腺肥大症** Benign prostatic hyperplasia, 前列腺肥大症, Hiperplasia prostática benigna, U xơ tiền liệt tuyến, 전립선비대증 前立腺が大きくなります。おしっこが出にくくなります。
	花粉症 Hay fever, 花粉过敏, Febre do Feno, Dị ứng phấn hoa, 꽃가루알레르기 季節によって鼻や目がかゆくなります。
	リウマチ Arthritis, 风湿性关节炎, Artrite, Thấp khớp, 류마티스 関節や骨、筋肉が痛くなります。

病院

1 歯科(しか)

✓ チェック！

異常(いじょう)はない（正常(せいじょう)、大丈夫(だいじょうぶ)）　アレルギー（過剰反応(かじょうはんのう)、薬(くすり)や食(た)べ物(もの)で体(からだ)が悪(わる)くなること）
服用中(ふくようちゅう)（今(いま)、飲(の)んでいる）　お口(くち)のお手入(てい)れ（歯(は)みがきなど）　当院(とういん)（この病院(びょういん)）

A ここで歯科に来(き)た理由(りゆう)を書(か)きます。漢字(かんじ)と意味(いみ)を線(せん)でつなぎましょう。

虫歯(むしば)　　・　　　　　　　・　悪(わる)い歯、痛(いた)い歯
義歯(ぎし)　　・　　　　　　　・　そうじ
検査(けんさ)　　・　　　　　　　・　人工(じんこう)の歯、入(い)れ歯
清掃(せいそう)　　・　　　　　　　・　悪いところを調(しら)べること

B ここで口(くち)の中(なか)の場所(ばしょ)（問題(もんだい)があるところ）を説明(せつめい)します。イラストを見(み)ながら下(した)の位置(いち)を確認(かくにん)しましょう。

右（みぎ）、左（ひだり）、上（うえ：じょう）、下（した：げ）、前（まえ：ぜん）、奥（おく）

Q この人(ひと)の右奥(みぎおく)の下の歯、左奥の上の歯、はどれですか？

C 歯が痛い人は、ここで痛(いた)さを説明します。以下(いか)の言葉(ことば)と意味を線でつなぎましょう。

普段(ふだん)でもズキズキいたい　・　　・　いつも、とても痛い
痛(いた)んだり止(や)んだり　　　・　　・　ときどき痛い
歯を合(あ)わせると痛い　　　　・　　・　かむときだけ痛い

ここはいつも食べたり飲んだりするものを書きます。
ことばと意味を線でつなぎましょう。

規則正しい　・　　　・　朝昼夕ご飯以外に食べる食べ物（甘い物）
飲料物　　　・　　　・　毎日同じ時間に同じことをすること
間食　　　　・　　　・　長い間何回も繰り返しすること
習慣的　　　・　　　・　飲み物のこと

＊規則正しい　⇔　不規則

書き込み練習

```
フリガナ
氏名
郵便番号（　　　－　　　　）
住所　　　　　　　　　Tel
```

1　どうなさいましたか
　　□歯が痛む（虫歯・義歯）　□検査をしてほしい　□歯の清掃をしてほしい
　　□その他（　　　　　　　　）　　　　　　　　　　　　　　　　　　　A

2　どこが痛みますか
　　□右上　□上前　□左上　□右下　□下前　□左下
　　□その他（　　　　　　　　）　□痛みはない　　　　　　　　　　　B

3　痛み方はどうですか
　　□普段でもズキズキ痛い　□熱いものがしみる　□痛んだり止んだり
　　□冷たいものがしみる　　□歯を合わせると痛い　　　　　　　　　　C

4　歯を抜いたことは　　　□ない　□ある

5　「ある」と答えた方のみ
　　□異常はなかった　□血がとまらなかった　□気分が悪くなった　□熱が出た
　　□貧血を起こした　□何日も痛んだ　□その他（　　　　　　　　　）

6　薬や注射でアレルギーは　　□ない　□ある（　　　　　　　　　　　）

病院

7 内科的な病気はありますか
　　□ない　　□心臓の病気　　□高血圧　　□低血圧　　□腎臓の病気　　□肝炎
　　□糖尿病　□その他（　　　　　　　　　　　　　）

8 服用中の薬はありますか　　　□ない　　　□ある（　　　　　　　　　　　　　）

9 お口のお手入れについての質問です
　　・歯磨きをするときは　　　□起床後　　□食後（朝・昼・夕）　　□就寝前
　　・1回の時間は　　　　　　　（　　　　　　）分くらい

10 喫煙習慣　　　　　　　□なし　　　□あり　　　□過去にあり

11 睡眠時間　　　　　　　約（　　　　　　）時間

12 食生活習慣についての質問です
　　・習慣的飲料物　　　　　□なし　　　□あり（　　　　　　　　　　　）　　D
　　・間食の取り方　　　　　□不規則　　□規則正しい　　□あまりしない

13 診療についてのご希望は
　　□費用がかかっても最高の治療をしてほしい
　　□全て保険で治したい（保険でできないものはしなくてもよい）

14 当院をどのようにして知りましたか
　　□ホームページ　　□看板　　□タウンページ　　□知人の紹介
　　□その他（　　　　　　　　　　　　　）

おつかれさまでした。ご協力ありがとうございます。

MEMO

　歯の治療は、金額がいろいろです。病院によってはこの問診表のように、たくさんお金をかけていい治療をするか、なるべく安くするかを選ぶことができます。

ことばノートF

出産
しゅっさん

Childbirth, 分娩, Parto, 출산, Sinh con

妊娠 pregnancy, 怀孕, Gravidez, Mang thai, 임신
にんしん

分娩 ぶんべん	Delivery, 分娩, Parto, 분만, Sinh con
流産 りゅうざん	Abortion, 流产, Aborto (espontâneo), 유산, Phá thai
帝王切開 ていおうせっかい	Cesarean section, 剖腹产, Cesariana, 제왕절개, Sinh mổ
吸引（分娩） きゅういん ぶんべん	Aspiration (delivery), 吸入（分娩）, Parto por Vácuo Extrator, 흡인(분만), Kẹp lấy thai (khi sinh con)
自然流産 し ぜんりゅうざん	Spontaneous abortion, 自然流产, Aborto espontâneo, 자연유산, Sảy thai tự nhiên
中絶 ちゅうぜつ	Abortion, 堕胎, Aborto, 중절, Phá thai

月経（生理） Menstruation (period), 月经, Menstruação, Kinh nguyệt, 월경(생리)
げっけい せい り

おりもの	Vaginal discharge, 白带（阴道分泌物）, Corrimento vaginal, 질 분비물, Xả âm đạo (Dịch tiết âm đạo)
月経不順 げっけい ふ じゅん	Irregular menstruation, 月经不调, Menstruação irregular, 월경(생리) 불순, Kinh nguyệt không đều
月経量 げっけいりょう	Menstrual flow, 月经量, Fluxo menstrual, 월경(생리) 량, Lượng kinh nguyệt
月経痛 げっけいつう	Menstrual pain, 月经痛, Cólica menstrual, 월경(생리) 통, Đau bụng kinh
月経周期 げっけいしゅうき	Menstrual cycle, 月经周期, Ciclo menstrual, 월경(생리) 주기, Chu kỳ kinh nguyệt
月経歴 げっけいれき	Menstrual history, 月经记录, Histórico menstrual, 월경(생리) 경력, Lịch kinh nguyệt
初経 しょけい	First menstruation, 月经初潮, Primeira menstruação, 초경, Kỳ kinh nguyệt đầu tiên
閉経 へいけい	Menopause, 绝经, Menopausa, 폐경, Mãn kinh

その他 Other 除上属以外 Outros 그 외 Bệnh khác

市販の検査 し はん けん さ	Over-the-counter test, 一般药店贩卖的妊娠试验品, 임신 테스트기를 사용한 검사 (시중에 판매중인 제품), Teste de gravidez commercial, Thử thai tại nhà
不妊相談 ふ にんそうだん	Infertility consultation, 不孕咨询, Consulta de infertilidade, 불임상담, Tư vấn hiếm muộn
子宮がん検診 し きゅう けんしん	Cervical cancer screening, 宫颈癌筛查, Rastreio do cancro do colo do útero, 자궁암검진, Khám ung thư tử cung
セカンドオピニオン	Second opinion, 主治医以外的专家会诊, Segunda opinião, 세컨드 의견, Ý kiến chuyên gia

病院

2 産婦人科

✓ チェック！

[妊娠検査で] 陽性（妊娠の可能性がある） [妊娠検査で] 陰性（妊娠の可能性が小さい） 異常なし（正常、大丈夫） 通院（病院にいくこと） アレルギー（過剰反応、薬や食べ物で体が悪くなること） 身内（家族やしんせき）

書き込み練習

・お名前（　　　　　　　　　　　　）
・生年月日（ S・H・西暦　　　年　　　月　　　日（　　才））
・ご住所〒

・電話番号（　　　　　－　　　　　－　　　　　）
・身長（　　　　）cm　体重（　　　　）kg

①本日のご相談内容は何ですか。当てはまる箇所に○をつけて、必要事項を記入してください。

　・妊娠の診察
　　　市販の検査は行いましたか？（はい・いいえ）→「はい」の方：（陽性・陰性）
　・月経不順　・月経量が（多い・少ない）　・月経が止まった　・月経痛がひどい
　・不妊相談　今までに治療したことが（ある・ない）
　・おりものが気になる　・痛いところがある
　・子宮がん検診　　・セカンドオピニオン
　・その他（　　　　　　　　　　　　　　　　　　　　　　　　　　　　　）

②月経とこれまでの妊娠歴についてお書きください。
　・月経歴　　　　　　　初経（　　才）　閉経（　　才）
　・最後の（最近の）月経
　　　　　（　　）月（　　）日～（　　）月（　　）日まで
　・月経周期　　　（　　　）日～（　　　）日周期（順・不順）
　・月経量　　　（多い・普通・少ない）
　・月経時に具合が悪くなりますか。　　（はい・いいえ）
　　　→「はい」の方：薬を飲みますか（はい　薬の名前＿＿＿＿＿＿・いいえ）

・今まで妊娠したことがありますか。 （はい・いいえ）

→「はい」の方：下の表に記入してください。

	年齢	妊娠期間	出生体重	性別	分娩方式	出産された病院名
1	才			男・女	普通・吸引・帝王切開	
2	才			男・女	普通・吸引・帝王切開	

・今まで流産したことがありますか。（はい・いいえ）

→「はい」の方：自然流産 ＿＿＿＿ 回　　中絶 ＿＿＿＿ 回

③子宮がん検診についてお書きください。

・子宮がん検診を受けていますか。（はい　・いいえ）

→「はい」の方：いつ受けましたか。（　　　　　）年（　　　　　）月
結果は　（異常なし　・　異常あり）

④あなた自身についてお書きください。

・今まで病気をしたことがありますか。（はい・いいえ）

→「はい」の方：

・現在、通院している病院や飲んでいる薬がありますか。（はい・いいえ）

→「はい」の方：

・薬・食品やその他のアレルギーがありますか。（はい・いい）

→「はい」の方：花粉症　・アトピー　・食物（　　　　　　　　　　　）

・薬（　　　　　　　　　　　　　　　　）・その他（　　　　　　　　）

・たばこは吸いますか。（はい　一日 ＿＿＿＿ 本　・いいえ）

・飲酒はしますか。　　（はい　週 ＿＿＿＿ 日　・いいえ）

・結婚していますか。　（既婚　・　未婚　・　同棲中）

→「既婚」の方：結婚 ＿＿＿＿ 才（　　　）年（　　　）ヶ月
御主人について：年齢 ＿＿＿＿ 才, ご職業 ＿＿＿＿＿＿＿＿＿＿＿＿＿＿ ,
体格（身長 ＿＿＿＿ cm, 体重 ＿＿＿＿ kg）

⑤身内の中に以下の病気の方はいますか。（はい・いいえ）

・高血圧（どなた：　　　　　）　・糖尿病（どなた：　　　　　）
・癌　　（どなた：　　　　　）　・心臓病（どなた：　　　　　）

⑥その他、気になることがあれば、お書きください。

病院

3 喉：耳鼻咽喉科

✓ チェック！

丸印（〇） 症状（病気の状態） 治療中（治している） アレルギー（過剰反応、薬や食べ物で体が悪くなること） 妊娠（お腹に赤ちゃんがいること） 授乳中（赤ちゃんに母乳をあげている）

✎ 書き込み練習

フリガナ

氏名 _____　大・昭・平　　年　　月　　日生（　　才）

体重（15才以下の方）_____ kg

住所　〒

_____

自宅TEL _____

携帯TEL _____

1) 今日はどのような症状で来られましたか。下記に丸印をつけてください。
　　その症状はいつからですか。（　　　　　　　　　　　　　　　　）

　　喉に痛みがある　　　　　声がかすれる
　　せきが出る　　　　　　　痰がからむ
　　つまった感じがする　　　いびきがひどい
　　その他（　　　　　　　　　　　　）

2) 風邪薬などで眠くなりますか。
　　□はい
　　□いいえ

3) 現在、治療中のご病気はありますか。
　　□はい

→病名（　　　　　　　　　　　　　　　　　）

□いいえ

4）現在、薬を飲んでいますか。

□はい

→薬の名前（　　　　　　　　　　　　　　　）

□いいえ

5）今まで、次の病気をされたことがありますか。

□はい

→高血圧　糖尿病　脳梗塞　喘息　心臓病　アトピー

じんましん　緑内障　その他（　　　　　　　　　　　　）

□いいえ

6）薬や注射、食品に対してのアレルギーがありますか。

□はい

→薬は何ですか。（　　　　　　　　　　　　　　　）

→注射は何ですか。（　　　　　　　　　　　　　）

→食品は何ですか。（　　　　　　　　　　　　　）

□いいえ

7）たばこは吸われますか。

□はい

□いいえ

8）お酒は飲まれますか。

□はい

□いいえ

9）女性の方にお伺いいたします。

・現在、妊娠の可能性がありますか。

□はい　　　→妊娠（　　　　　　　）ヶ月

□いいえ

・現在、授乳中ですか。

□はい

□いいえ

病院

4 耳：耳鼻咽喉科

丸印（○）　症状（病気の状態）　治療中（治している）　アレルギー（過剰反応、薬や食べ物で体が悪くなること）　妊娠（お腹に赤ちゃんがいること）　授乳中（赤ちゃんに母乳をあげている）

書き込み練習

フリガナ

氏名 _____　大・昭・平　　年　　月　　日生（　　才）

体重（15才以下の方）____ kg

住所　〒

_____

自宅TEL _____

携帯TEL _____

1) 今日はどのような症状で来られましたか。下記に丸印をつけてください。
　　その症状はいつからですか。（　　　　　　　　　　　　　　　　　）

　　耳：聞こえにくい（左・右）　　痛みがある（左・右）
　　　　みみだれが出る（左・右）　耳鳴りがする（左・右）
　　　　かゆみがある（左・右）　　耳垢がつまっている（左・右）
　　　　つまった感じがする（左・右）　その他（　　　　　　　　　）

2) 風邪薬などで眠くなりますか。
　　□はい
　　□いいえ

3) 現在、治療中のご病気はありますか。
　　□はい

→病名（　　　　　　　　　　　　　　　　）

□いいえ

4）　現在、薬を飲んでいますか。

□はい

→薬の名前（　　　　　　　　　　　　　　　）

□いいえ

5）　今まで、次の病気をされたことがありますか。

□はい

→高血圧　　糖尿病　　脳梗塞　　喘息　　心臓病　　アトピー

じんましん　　緑内障　　その他（　　　　　　　　　　　　　）

□いいえ

6）　薬や注射、食品に対してのアレルギーがありますか。

□はい

→薬は何ですか。（　　　　　　　　　　　　　　　　）

→注射は何ですか。（　　　　　　　　　　　　　）

→食品は何ですか。（　　　　　　　　　　　　　）

□いいえ

7）　たばこは吸われますか。

□はい

□いいえ

8）　お酒は飲まれますか。

□はい

□いいえ

9）　女性の方にお伺いいたします。

・現在、妊娠の可能性がありますか。

□はい　　　→妊娠（　　　　　　　　）ヶ月

□いいえ

・現在、授乳中ですか。

□はい

□いいえ

病院

5 鼻：耳鼻咽喉科

 チェック！

丸印（○） 症状（病気の状態） 治療中（治している） アレルギー（過剰反応、薬や食べ物で体が悪くなること） 妊娠（お腹に赤ちゃんがいること） 授乳中（赤ちゃんに母乳をあげている）

書き込み練習

フリガナ

氏名 ＿＿＿＿＿＿＿＿＿＿＿＿＿ 大・昭・平　年　月　日 生（　　才）

体重（15才以下の方）＿＿＿kg

住所　〒

自宅TEL ＿＿＿＿＿＿＿＿＿＿＿

携帯TEL ＿＿＿＿＿＿＿＿＿＿＿

1) 今日はどのような症状で来られましたか。下記に丸印をつけてください。
   その症状はいつからですか。（　　　　　　　　　　　　　　　　　　）

　　鼻：鼻水が出る　　鼻がつまる　　　　くしゃみがひどい
　　　　鼻血が出る　　鼻汁が喉へ流れる　匂いがわかりにくい
　　　　その他（　　　　　　　　　　　　　　　　　）

2) 風邪薬などで眠くなりますか。
　　□はい
　　□いいえ

3) 現在、治療中のご病気はありますか。
　　□はい

→病名（　　　　　　　　　　　　　　　　　　）

□いいえ

4）現在、薬を飲んでいますか。

□はい

→薬の名前（　　　　　　　　　　　　　　　　）

□いいえ

5）今まで、次の病気をされたことがありますか。

□はい

→高血圧　糖尿病　脳梗塞　喘息　心臓病　アトピー

じんましん　緑内障　その他（　　　　　　　　　　　　　　　　）

□いいえ

6）薬や注射、食品に対してのアレルギーがありますか。

□はい

→薬は何ですか。（　　　　　　　　　　　　　　　　　）

→注射は何ですか。（　　　　　　　　　　　　　　　　）

→食品は何ですか。（　　　　　　　　　　　　　　　　）

□いいえ

7）たばこは吸われますか。

□はい

□いいえ

8）お酒は飲まれますか。

□はい

□いいえ

9）女性の方にお伺いいたします。

・現在、妊娠の可能性がありますか。

□はい　　→妊娠（　　　　　　　　）ヶ月

□いいえ

・現在、授乳中ですか。

□はい

□いいえ

病院

63

6 整形外科(せいけいげか)

✓ チェック！

症状(しょうじょう)(病気(びょうき)の状態(じょうたい))　交通事故(こうつうじこ)(自動車(じどうしゃ)や自転車(じてんしゃ)などによる事故(じこ))　外傷(がいしょう)(けが)　治療(ちりょう)(治(なお)すこと)　アレルギー(過剰反応(かじょうはんのう)、薬(くすり)や食(た)べ物(もの)で体(からだ)が悪(わる)くなること)

✎ 書き込み練習

シメイ		体重(たいじゅう)		
氏名		身長(しんちょう)		性別(せいべつ) 男　女
生年月日				

1. どこに症状がありますか。○をつけてください。

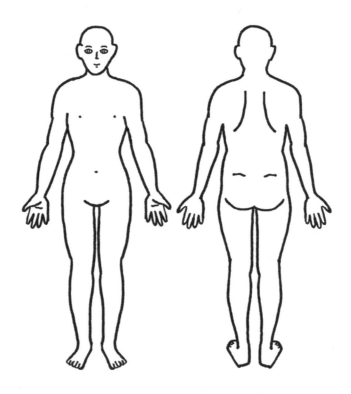

64

2. いつ頃からどのような症状でお困りですか。

　・いつ頃　　　　年　　　月　　　　日から　　症状（　　　　　　　　　　　）
　・原因を○で囲んでください。

　　交通事故　　スポーツ外傷　　仕事中の事故　　特に原因なし
　　その他（　　　　　　　　　　　　　　　　　　　　　　　　　　　　）

3. この症状で現在あるいは過去に治療を受けていますか。（はい・いいえ）
　「はい」の方　　　　病名（　　　　　　　　　　　　　）
　　　　　　　　　　病院・医院名（　　　　　　　　　　　　）

　また、その治療でどのような変化がありましたか。
　　　　　　　　　（よくなった・悪くなった・変わらない）

4. 今までにかかった病気を○で囲んでください。
　リウマチ　　肝臓病　　痛風　　心臓病　　腎臓病
　糖尿病　　胃潰瘍　　喘息　　その他（　　　　　　　　　　）

5. 現在、他の病にかかっていますか。（はい・いいえ）
　「はい」の方　　　　病名（　　　　　　　　　　）

6. 現在、何か薬を飲んでいますか。（はい・いいえ）
　「はい」の方　　　　薬の名前（　　　　　　　　　　）

7. 今までに薬や食べ物でアレルギーを起こしたことがありますか。（はい・いいえ）
　「はい」の方　　　　薬・食べ物の名前（　　　　　　　　　　　）

病院

65

ことばノート G

体調不良（たいちょうふりょう） Poor physical condition　身体状况欠佳　Doente, má condição física　컨디션 불량　Trong người không được khỏe

① 一般的な体調不良（いっぱんてき）

- 気分が悪い（きぶん・わる）　Feeling of unwellness, in bad shape　感觉不舒服　Sentir-se mal　속이 안 좋음　Nôn nao trong người
- 体調が悪い　Feeling sick　身体不适　Condição física ruim　몸상태(컨디션)가 좋지 않음　Sức khỏe không tốt
- 具合が悪い（ぐあい）　Feeling unwell　感觉不适　Sentir-se doente　몸상태가 좋지 않음　Khó ở, khó chịu
- しんどい／だるい　Feeling ill, feeling sluggish　乏力　Sentir-se fraco, com o corpo pesado　힘들다/나른하다　Mệt mỏi

② 頭・目（あたま・め）

- 熱がある／でる（発熱）（ねつ・はつねつ）　Have a fever　发烧　Ter febre　열이 있다/열이 나다　Sốt
- 頭痛がある／する（ずつう）　Have a headache　头痛　Ter dor de cabeça　두통이 있다/머리가 아프다　Đau đầu
- めまいがする　Feeling dizzy　发晕, 头晕　Sentir tonturas　현기증이 나다　Hoa mắt, chóng mặt

③ 鼻・のど（はな）

- 鼻水がでる（はなみず）　Runny nose　流鼻涕　Coriza　콧물이 나다　Sổ mũi
- 鼻づまり　Stuffy nose　鼻塞　Congestão nasal　코막힘　Nghẹt mũi
- 喉が痛い（のど・いた）　Have a sore throat　喉咙疼痛症状　Dor de garganta　목이 아프다　Đau họng
- 咳がでる（せき）　Have a cough　有咳嗽　Ter tosse　기침이 나다　Ho
- 痰がでる（たん）　Coughing out phlegm　有痰　Congestão　가래가 나오다　Có đờm
- くしゃみがでる　Sneezing　打喷嚏　Espirrar　재채기가 나오다　Hắt xì

66

④ 口、嘔吐（ゲロ）

- 吐き気がする　Feeling nauseous　想吐　Sentir náuseas　구역질이 나다　Buồn nôn
- もどした　Reconstituted　吐了　Vomitar　토하다　Nôn
- 食欲がない　Have no appetite　没有食欲　Não ter apetite　식욕이 없다　Chán ăn

⑤ お腹

- お腹が痛い（腹痛）　Stomach pain　肚子疼　Dor de barriga　배가 아프다　Đau bụng
- お腹がはる　Feeling bloated　腹部肿胀　Sentir a barriga inchada, estufada　배가 빵빵하게 불어 오르다　Chướng bụng
- 下痢　Diarrhea　腹泻　Diarréia　설사　Tiêu chảy
- 血便が出る　Blood in stool　便血　Sangue nas fezes　혈변이 나오다　Phân dính máu
- 便秘　Constipation　便秘　Prisão de ventre　Táo bón　변비

⑥ 血液

- 貧血　Anemia　贫血　Anemia　빈혈　Thiếu máu
- 血がでる（出血）　Bleeding　出血　Sair sangue　피가 나다　Chảy máu
- 切り傷がある　Have incised wound　有伤口　Ter um corte　베인 상처가 있다　Có vết thương hở

⑦ その他

- 胸痛がある　Have a chest pain　胸部疼痛症状　Sentir dor no peito　가슴통증이 있다　Đau tức ngực
- 動悸がする　Have palpitations　心慌　Palpitação　심장 고동이 평상시보다 빠르게 됨　Đánh trống ngực
- 息切れがする　Shortness of breath　呼吸急促　Falta de ar　숨이 차다　Khó thở
- 顔や体のむくみがある　Swelling of the face and body　面部和身体肿胀　Inchaço da face e do corpo　얼굴이나 몸에 부종이 있다　Cơ thể, mặt mũi bị sưng phù
- 関節が痛い　Pain in joints　关节疼痛　Dor nas articulações　관절이 아프다　Đau khớp
- 火傷　Burn injury　烧伤　Queimadura　화상　Bỏng
- 骨折　Bone fracture　骨折　Fratura óssea　골절　Gãy xương

病院

7 内科

✓ チェック！

治療中（治している）　市販薬（お店に売っている薬）　サプリメント（栄養を補うもの）　アレルギー（過剰反応、薬や食べ物で体が悪くなること）　妊娠中（お腹に赤ちゃんがいること）　授乳中（赤ちゃんに母乳をあげている）　クリニック（小さい病院）

Q 左のことばはどんな意味ですか。右と線でむすびましょう。

予防接種　　　　　　　　・　　・飲んでいる薬について書いてあるノート/紙
お薬手帳／薬剤情報提供書　・　　・病院、クリニック
看板　　　　　　　　　　・　　・病気にならないように打つ注射
医療機関　　　　　　　　・　　・病院の名前の表示

Q 次の病気の意味を調べて、（　）の中に自分のことばで書きましょう。
（ことばノート　体や病気の名前　3）参照）

高血圧　　　　　（　　　　　　　　）
高脂血症　　　　（　　　　　　　　）
糖尿病　　　　　（　　　　　　　　）
痛風　　　　　　（　　　　　　　　）
狭心症／心筋梗塞（　　　　　　　　）
脳卒中　　　　　（　　　　　　　　）

書き込み練習

フリガナ

氏名 _____ 大・昭・平 年 月 日 生（ 才）

住所 〒

_____

自宅TEL _____

携帯TEL _____

＊小学生以下の方は体重を記入してください（　　　　　kg）

1. どうなさいましたか？
　・体調が悪い（　　　　　　　　　　　）
　→いつからですか？　昨日・2日前・3日前・1週間前・それより前（　　　　）
　・健康診断　・予防接種の希望　・その他（　　　　　　　）

2. 今までにかかった、または現在治療中の病気はありますか？　ある・ない
　→高血圧・高脂血症・糖尿病・痛風・狭心症/心筋梗塞・脳卒中
　　その他（　　　　　　　　　　　）
　→治療されていますか？している・していない

3. 現在飲まれているお薬や市販薬、サプリメントなどはありますか？　ある・ない
　→　薬の名前（　　　　　　　　　　　）
　　　＊お薬手帳・薬剤情報提供書などをお持ちの方はお見せください。

4. お薬や食べ物などでアレルギーが出たことはありますか？　ある・ない
　どのようなものですか？　食べ物・薬（　　　　　　　　　　　）

5. （女性の方のみ）現在、妊娠中もしくは授乳中ですか？
　　　　　　　　　　　　　　　　妊娠中・妊娠中・どちらでもない

6. 当クリニックをお知りになったきっかけは何ですか？（複数回答でも構いません。）
　看板/ホームページ/知人の紹介/他の医療機関からの紹介/
　その他（　　　　　　　　　　　）

病院

8 インフルエンザ予防接種予診票

✓ チェック！

今シーズン（この季節が始まってから今まで、今年）、疾患（病気）、近親者（家族や近い親せき）　治療中（治している）　分娩時／出産時（子どもが生まれるとき）
乳幼児健診（赤ちゃん、子どもの健康診断）　副反応（副作用、マイナスの効果）
保護者（子どもの親、祖父母など）

予防接種で聞かれる病気

免疫不全症	Immunodeficiency　免疫缺陷　Imunodeficiência　면역부전증　Chứng suy giảm miễn dịch
先天性免疫不全	Congenital immune deficiency　先天免疫缺陷　Deficiência imunológica congênita　선천성면역부전　Suy giảm miễn dịch bẩm sinh
間質性肺炎	Interstitial pneumonia　間质性肺炎　Doença pulmonar intersticial　간질성 폐렴　Viêm mô kẽ phổi
呼吸器系疾患	Respiratory disease　呼吸系统疾病　Doença respiratória　호흡기계질환　Bệnh đường hô hấp

✎ 書き込み練習

```
診察前の体温（　　）度（　　）分
住所　　　　　　　　　　　　　　TEL（　　）－
（フリガナ）
受ける人の氏名　　　　　　　　　　　　　　　男・女
生年月日　明治　大正　昭和　平成　　年　月　日生（　歳　ヶ月）
保護者の氏名
```

1. 今日受けるインフルエンザ予防接種は今シーズン1回目ですか。
　　　　　　　　　　　　　いいえ（　　回目）　はい

2. 今日、体に具合がわるいところがありますか。
　　　　　　　　ある（具体的に）_____　ない

3. 現在、何かの病気で医者にかかっていますか。
　　　　　　　　はい（病名）_____　いいえ

4. 薬をのんでいますか。
　　　　　　　　いる（薬の名前）_____　いない

5. 最近1ヶ月以内に病気にかかりましたか。

はい（病名）＿＿＿＿＿＿＿＿＿　　　いいえ

6. 今までに特別な病気（心臓血管系・腎臓・肝臓・血液疾患、免疫不全症、その他の病気）にかかり医師の診察を受けていますか。

いる（病名）＿＿＿＿＿＿＿＿＿　　　いいえ

7. 近親者に先天性免疫不全と診断された方がいますか。　　　はい　　いいえ

8. 今までにけいれん（ひきつけ）をおこしたことがありますか。

ある（　　　回ぐらい／最後は　　　年　　月ごろ）　　ない

9. 薬や食品（鶏肉、鶏卵など）で皮膚に発疹や蕁麻疹がでたり、体の具合が悪くなったことがありますか。

ある（薬または食品の名前）＿＿＿＿＿＿＿＿＿　　　ない

10. これまで間質性肺炎や気管支喘息等の呼吸器系疾患と診断され、現在、治療中ですか。　　　はい（　　年　　月ごろ／現在治療中・治療していない）　　いいえ

11. これまでに予防接種を受けて特に具合が悪くなったことがありますか。

ある（予防接種名・症状：　　　）　　ない

12. 1ヶ月以内に家族や周囲で麻しん、風しん、水痘、おたふくかぜなどにかかった方がいますか。　　　ある（病名　　　）　　ない

13. 1ヶ月以内に何かの予防接種を受けましたか。

はい（予防接種名：　　　）　　いいえ

14. （接種を受けられる方がお子さんの場合）分娩時、出生時、乳幼児健診などで異常がありましたか。　　　ある（具体的に）　ない

15. 医師の診察・説明を受け、予防接種の効果や副反応などについて理解した上で、接種を希望しますか。

（希望します・希望しません）

保護者の署名（もしくは本人の署名）

病院

MEMO

予診票の裏には、予防接種の効果や副作用についての説明があります。

ことばノート H

こどもの病気と注射

Child sickness and injection, a shot　孩子的生病，打针　Doenças e vacinas infantis　어린이 병과 주사　Bệnh trẻ em và tiêm chủng

① 子どもがよくかかる病気や症状

突発性発疹 Acute rash, exanthema subitum, 突发性皮疹, Roséola (exantema súbito), Lên sởi cấp tính, 돌발성 발진	38℃より高い熱が3日間出ます。その後で、熱が下がって、赤い発疹が体全体や顔や手や足に出ます。
発疹・蕁麻疹 Rash, hives, 皮疹荨麻疹, Urticária, Phát ban, nổi mề đay, 발진/두드러기	小さい吹き出物ができます。かゆいです。
喘息 Asthma, 哮喘, Asma, Hen suyễn, 천식	息が苦しくなります。
けいれん／ひきつけ／ふるえ Convulsions / Attract / Trembling, 抽搐/抽痉/颤抖, Convulsão/Tremor, Sốt co giật, 경련/경기/떨림	体や体の一部が小さく速くゆれます。
嘔吐 Vomiting, 呕吐, Vómito, Ói mửa, 구토	一度食べたものを口から出します
下痢 Diarrhea, 腹泻, Diarréia, Tiêu chảy, 설사	うんちがとても柔らかいです。水のようなうんちの時もあります。
感染性胃腸炎（ノロウィルス）* Infectious gastroenteritis (norovirus), 传染性胃肠炎, Gastroenterite infecciosa (norovirus), Viêm dạ dày ruột truyền nhiễm (norovirus), 감염성 위장염(노로 바이러스)	嘔吐や下痢になります。
麻疹／はしか* Measles, 麻疹, Sarampo, Sởi, 홍역	高熱・せき・鼻水が出ます。体に赤いプツプツ（発疹）が出ます。
風疹／三日ばしか Measles / German (three-day) measles, 麻疹, Rubéola (sarampo alemão), Sởi, 풍진	少し熱が出ます。体に赤い発疹が出ます。耳の後ろなどがはれます。
水ぼうそう／水痘* Chicken pox / varicella, 水痘, Catapora (Varicela), Phỏng dạ/Thủy đậu, 수두	虫にさされたような赤い発疹が出て、大きくなります。
百日咳* Pertussis, whooping cough, 百日咳, Coqueluche (Pertússis), Ho gà, 백일해	咳がたくさん出ます。
伝染性紅斑（りんご病）* Infectious erythema (slapped cheek disease), 传染性红斑, Eritema infeccioso (conhecido no Japão como "doença da maçã"), Ban đỏ truyền nhiễm (tát má), 전염성 홍반,감염성 홍반(사과병)	ほっぺたが赤くなります。顔や腕や足に発疹が出ます。
溶連菌感染症（しょうこう熱）* Strep throat (scarlet fever), 猩红热, Faringite estreptocócica (escarlatina), Viêm họng (do ban đỏ), 용혈성 연쇄구균감염증(성홍열)	喉が痛くて、熱が出ます。体全体に赤い発疹が出ます。
手足口病* Hand-foot-and-mouth disease, 手足口病, Doença mão-pé-boca, Bệnh tay chân miệng, 수족구병	手、足、口に水ぶくれの発疹が出ます。
伝染性膿痂疹（とびひ）* Contagious impetigo, 传染性脓疱疮, Impetigo , Ghẻ chốc truyền nhiễm, 전염성농가진(농가진)	薄い水ぶくれが次々と体のいろいろなところに出ます。
おたふくかぜ* Mumps, 腮腺炎, Caxumba, Quai bị, 볼거리	耳の下やあごの下が大きくなって、3日間くらい痛いです。

*　感染症　[Infection, 感染病, Doença infecciosa, 감염증, Nhiễm trùng] 人から人にうつる病気です

② 予防接種（ワクチン）

ポリオ（ワクチン） Polio (vaccine), 脊髓灰质炎（疫苗）, Poliomielite (vacina), Bại liệt (vắc xin)", 척추성 소아마비,급성 회백수염(백신)"	小児マヒを予防する注射です。
4種混合 DPT-IPV, Diphtheria, pertussis, tetanus, and polio (acute poliomyelitis), 注射, 打针（4类混合）, DTP+IPV, 4 loại hỗn hợp (bạch hầu, ho gà, uốn ván, bại liệt), 4종혼합	ジフテリア・百日咳・破傷風・ポリオを予防する注射です。
3種混合 Triple Vaccine - diphtheria, Pertussis, and Tetanus Vaccine), 注射, 打针（3类混合）, DTP, 3 loại hỗn hợp (bạch hầu, ho gà, uốn ván), 3종혼합	ジフテリア・百日咳・破傷風を予防する注射です。
2種混合 DT-Diphtheria, Tetanus, 注射, 打针（2类混合）, DT, 2 loại hỗn hợp (bạch hầu, uốn ván), 2종혼합	ジフテリア・破傷風を予防する注射です。
麻疹（風疹） Measles/rubella, 麻疹/风疹, Sarampo/Rubéola, Sởi/Rubella, 홍역/풍진	はしか・三日ばしかを予防する注射です。
MR Measles and rubella, 麻疹和风疹, MR, Sởi và rubella, 홍역/풍진을 같이 접종하는 예방주사	麻疹・風疹をいっしょに予防する注射です。
日本脳炎 Japanese encephalitis, 日本脑炎, Encefalite Japonesa, Viêm não Nhật Bản, 일본뇌염	日本脳炎を予防する注射です。
BCG（結核） BCG (tuberculosis), 肺结核, BCG (tuberculose), BCG (lao), BCG (결핵)	結核を予防する注射です。
ヒブ（ワクチン） Hib (vaccine), 细菌性髓膜炎（疫苗）, Hib (vacina), Hib (vắc xin), 뇌수막염(백신)	ヒブ感染症を予防する注射です。
ロタ（ワクチン） Rota (vaccines), 疫苗接种的一种, Rotavírus (vacina), Rota (vắc xin), 로타(백신)	ロタウイルス胃腸炎の注射です
小児用肺炎球菌ワクチン Diplococcus pneumonia, 幼儿肺炎球菌预防针, Vacina pneumocócica pediátrica, Vắc xin viêm phổi cầu khuẩn, 소아용폐렴구균백신	肺炎球菌感染症を予防する注射です。

病院

> **MEMO**
> ・予防接種は注射です。その病気にならないようにしたり、なってもひどくならないようにしたりするために打ちます。
> ・受ける時期や回数が種類によって違うので、母子手帳や病院で確認する必要があります。

9 小児科

✓ チェック！

愛称（ニックネーム、呼び名）　治療中（治している）
定期診察中（ずっと続けて病院に行っている）　ワクチン（予防接種）　アレルギー（過剰反応、薬や食べ物で体が悪くなること）

Q 以下は、一般的な症状（ことばノートG 66ページ）です。自分の言葉で記入しましょう。

　　頭痛　　（　　　　　　　　　　　　）
　　吐き気　（　　　　　　　　　　　　）
　　せき　　（　　　　　　　　　　　　）
　　下痢　　（　　　　　　　　　　　　）
　　鼻水　　（　　　　　　　　　　　　）

Q これらの薬の名前を下から選びましょう。

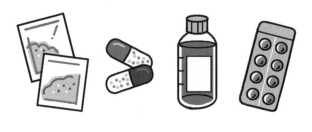

水薬（シロップ）　　粉薬　　錠剤　　カプセル

書き込み練習

　　　　　ふりがな（　　　　　　　　）
お子様のお名前（　　　　　　　　　）
お子様の愛称は何ですか（　　　　　　　）
年齢（　　歳　　ヶ月）　　　　生まれた時の体重（　　　　　g）
幼稚園・保育園・学校名（　　　　　　　　　　　　　）

1) 本日はどのようなことが心配で来院されましたか。
　　発熱（　　　　℃）　発疹　せき　鼻水　腹痛　吐き気　下痢
　　ぜんそく　頭痛　その他（　　　　　　　　　　　　　　）

2) 現在、他の病院で治療中、もしくは定期診察中ですか。
　　□はい　病名（　　　　　　　）病院名（　　　　　　　　）
　　□いいえ

3) 今まで入院したことがありますか。
　　□はい　病名（　　　　　　　）病院名（　　　　　　　　）
　　□いいえ

4) 今までかかった病気がありますか。
　　おたふくかぜ　突発性発疹　ぜんそく　はしか（麻疹）
　　水ぼうそう（水痘）　風疹　百日咳　ひきつけ
　　その他（　　　　　　　　　　）

5) ワクチンが済んでいるものはどれですか。
　　BCG　ヒブ　肺炎球菌　日本脳炎　水ぼうそう　おたふくかぜ
　　四種混合　三種混合　ポリオ　MR（麻しん・風しん）　麻しん　風しん
　　ロタ　その他（　　　　　　　　　　）

6) 食べ物やお薬でアレルギー（じんましん）が出たことがありますか。
　　□ある　何を食べて出ましたか。（　　　　　　　　　　）
　　　　　　どんな薬で出ましたか。（　　　　　　　　　　）
　　□ない

7) お薬は何が飲めますか。
　　水薬（シロップ）　粉薬　錠剤　カプセル

病院

は〜い、深呼吸をしましょう

こども 1

Children　小孩儿　Crianças　아이　Trẻ em

◆ ことばノート1「こどもと家族(かぞく)」……… 78

1. 保育所入所申込書(ほいくしょにゅうしょもうしこみしょ)……… 80
   Nursery school enrollment application form　幼儿园入学申请表　Formulário para admissão em creche　보육소입소신청서　Đơn đăng ký nhập học nhà trẻ

2. 保育所用求職活動申立書(ほいくしょようきゅうしょくかつどうもうしたてしょ)……… 84
   Job-seeking notification for nursery school enrollment　保育幼儿园用 求职申告表　Notificação de procura de emprego para creche　보육소용 구직활동건의서　Giấy xác nhận đang tìm việc để xin gửi trẻ

3. 幼稚園入園願(ようちえんにゅうえんねがい)……… 86
   Kindergarten enrollment application form　幼儿园入学申请表格　Aplicação para o jardim de infância　유치원입학원서　Đơn xin nhập học mẫu giáo

4. 外国人入学申請書(がいこくじんにゅうがくしんせいしょ)……… 87
   School enrollment application form for children of foreign nationals　外国人就学入学许可申请表　Formulário de pedido de matrícula de estrangeiros　외국인허가원서　Đơn xin nhập học cho người nước ngoài

5. 就学援助費申請書(しゅうがくえんじょひしんせいしょ)……… 88
   Application form for Financial aid program　就学经济援助申请表　Formulário de inscrição para o Auxílio de Despesa Escolar　취학원조비신청서　Đơn xin hỗ trợ tài chính phục vụ học tập

6. 名前調査票(なまえちょうさひょう)……… 89
   Name questionnaire　正式或预定使用的子女姓名调查表　Questionário sobre o nome　이름/성명조사표　Phiếu khảo sát tên gọi

ことばノート1

こどもと家族

Children and Family　Crianças e família
孩子和家庭　아이와 가족　Trẻ em và gia đình

① 家族構成

祖父母

世帯
（いっしょに住んでいる家族）

山田よしお
（本人との続柄：父）

両親、保護者

山田はなこ
（本人との続柄：母）

山田太郎
児童[本人]

→家族構成：祖父・祖母・父・母・子ども

② 子ども

乳児（0〜1才）

入所・入園

幼児（1〜6才）　保育所・保育園／幼稚園

入学

児童（7〜12才）　小学校

入学

生徒・学生（または中高生）　中学校・高等学校

入学

学生（または大学生）　大学

1 保育所入所申込書

✓ チェック！

入所（保育所に入ること）　課税（税金を払うこと）　保育料（保育所に払うお金）　算定（計算）　入所基準（入所するための条件）　続柄（本人との関係）

A

ここで、税金の支払い状況を確認します。
＊保育料は、自分が払った住民税（市町村税）の値段で決まります。

Q あなたの払った税金を調べてもいいですか？
　　いいです　→　印にハンコを押す
　　いやです　→　印にハンコを押さない
＊「いやです」を選ぶと、子どもを保育所にいれることはできません。

B

兄弟姉妹同時申し込み
Q 子どもが二人以上いるとき、下のどれかに○をつけましょう
　（兄弟姉妹全員が同じ保育所に入れるかどうかはわかりません）。

1．必ず同じ保育所でないと入所しない

2．審査の結果、別々の保育所になっても入所する

3．審査の結果、どちらか一方しか入所できない場合でも入所する

C なぜ、子どもを保育所に入れますか？その理由をここに書きます。

Q （　　）にE「入所基準」から理由を選んで書きましょう。
母（　　　　），父（　　　　　），祖父（　　　　），祖母（　　　　）

入所基準

1	家庭外労働	→	親がいつも家の外で仕事をしています
2	家庭内労働	→	親がいつも家の中で（日常の家事以外の）仕事をしています
3	保護者の疾病	→	病気、けが、または心の病気です
4	母親の出産等	→	親がもうすぐ出産します/したばかりです
5	病人の看護介護等	→	家に重い病気の人がいます。親はいつもその看護・介護をします
6	家庭の災害	→	火災、風水害、地震などの被害から復旧している途中です

＊両親以外の同居している親族等がいる場合、それらの人も1〜6である必要があります

Q 理由を書きましょう。
例：農業を営んでいるので
　　母のパート時間が17：00まであるので
　　自営業をしているので

こども１

MEMO｜待機児童
保育所に入りたくても入れない子どものことです。日本には待機児童がたくさんいます。多くの保育所は簡単に入れません。ですから、「保育所入所申込書」は丁寧に書きましょう。申込書のほかにも、たくさんの書類があります。

書き込み練習

保 育 所 入 所 申 込 書
保育所への入所につき次のとおり申込みます（前年度課税　有　無　）
保育料算定のため、税関係の調査を私の世帯に対して実施することに同意します

印

A

		殿	申込年月日	平成　　年　　月　　日	市役所記入欄

保護者	住所	〒		電話	
	氏名			印 緊急連絡先	

(ふりがな)		生年月日	男
入所児童名		平成　　年　　月　　日	・女

保育の実施を希望する期間

平成　　年　　月　　日〜平成　　年　　月　　日

入所希望の保育所名	第1希望（希望理由）
	第2希望（希望理由）
	第3希望（希望理由）

兄弟姉妹同時申し込みの場合

該当する番号を○で囲んでください
1．必ず同じ保育所でないと入所しない
2．審査の結果、別々の保育所になっても入所する
3．審査の結果、どちらか一方しか入所できない場合でも入所する

B

入所基準番号　下の入所基準＊を読んで該当する番号を（　　　　）内に記入してください

母　（　　　　　）

父　（　　　　　）

祖父　（　　　　　）

C

保育を必要とする理由

＊入所基準
1.家庭外労働　2.家庭内労働　3.保護者の疾病　4.母親の出産等（病気、負傷含む）
5.病人の看護、介護等　6.家庭の災害　7.その他
→「現在の保育状況」（ページ下）欄に理由を詳しく具体的に書いてください

入所児童の家庭の状況

氏　　　名	続　柄	生年月日	性別	備　考 (TEL等)

こども1

「現在の保育状況」

2 保育所用　求職活動申立書

仕事探しの間、子どもを預けるための書類

✓ チェック！

求職活動（仕事を探すこと）　勤務先（仕事をするところ）　内定（仕事が見つかったこと）
面接（仕事を見つけるための［会って話をする］テスト）　ハローワーク（仕事を紹介するところ）　在職証明書（仕事をしていることを証明する紙）

Q 仕事（勤務形態）に関する言葉です。言葉と意味を線で結びましょう（ことばノートC 32ページ）。

常勤　・　　　　　　　　　・働いた時間で給料が決まる仕事・アルバイト

臨時　・　　　　　　　　　・会社Aが社員を期間限定で会社B・C・Dに紹介して働いてもらう仕事

パート・　　　　　　　　　・2年3年など期間限定で働く仕事

派遣　・　　　　　　　　　・毎日働く仕事・正社員

Q 以下で意味がわからないものはありますか。辞書で調べましょう。または周りの人に聞きましょう。

勤務形態
就労時間
就労日数
求職状況

MEMO｜保育所用求職活動申立書

仕事を探す時、3か月間だけ子どもを保育所に預けることができます。そのとき、この書類を出さなければなりません。仕事が決まってから引き続き子どもを預けたい場合は、在職証明書を提出しなければなりません。

書き込み練習

求職活動申立書

求職者：父・母・祖父・祖母

（フリガナ）
児童氏名：

園名：

下記の内容で求職活動（している・する）ことを申し立てます。

平成　　年　　月　　日
住　所　〒

（フリガナ）

申立者　氏　名 ＿＿＿＿＿＿＿＿＿＿＿＿＿＿＿＿＿＿　印

求　職　内　容

現在の就労状況　　無・常勤・パート

現在の保育状況

希望勤務形態　　　常勤 臨時・パート・派遣・その他（　　　　　　）
（○で囲む）

就労時間　　　　　午前・午後　　時　　分〜午前・午後　　時　　分

就労日数　　　　　1ヵ月あたり約　　　日

求職の状況　　　　ア　勤務先が内定している
ア〜カのどれか　　　（会社名　　　　　　　　連絡先　　　　　　　　）
に○をつけてく　　イ　会社の面接に既に行った　　ウ　会社の面接にこれから行く
ださい　　　　　　エ　現在、ハローワークに行っている
　　　　　　　　　　（ハローワーク名　　　　　　　　　　　）
　　　　　　　　　オ　これからハローワークに行く
　　　　　　　　　　（ハローワーク名　　　　　　　　　　　）
　　　　　　　　　カ　その他（　　　　　　　　　　　　　）

求職状況の内容　　イ、ウの場合：連絡を取った会社名、連絡先などを書いてください

カの場合：内容を具体的に書いてください

勤務先が決まり次第、所定の在職証明書を提出します　　印

3 幼稚園入園願

✓ チェック！

入園希望（幼稚園に入りたいこと）　続柄（本人との関係）　特記事項（幼稚園に対して特に伝えたいこと）　アレルギー（過剰反応、薬や食べ物で体が悪くなること）　保護者（親や家族など、子どもの世話をする人）　家族構成（家族はどんな人ですか？）

書き込み練習

○○幼稚園入園願　　　　　　　　　　　　　　　平成　　年　　月　　日
入園希望の幼稚園名　区立（　　　　　　　　　）幼稚園　に入園を希望します

	（ふりがな）		性別	生年月日
幼児	名前 保護者との続柄（　　　　）		男・女	平成　年　月　日
	現住所　〒　　　－			
	特記事項（アレルギーなど特に伝えておきたいことを書いてください）			
保護者	（ふりがな）		電話番号	（自宅）
	名前　　　　　　　　　印			（携帯電話）
	現住所（上記住所と異なる場合）			

緊急連絡先（上記保護者以外に1名書いてください）

名前（　　　　　　　　）続柄（　　　　）電話番号（　　　　　　　　　　　　）

家族構成

氏名	生 年 月 日	続柄	氏名	生 年 月 日	続柄

86

4 外国人入学申請書

外国人が日本の公立学校に入るための書類

✓ チェック！

就学（学校で勉強すること）　就学希望校（自分が入りたい学校）　続柄（本人との関係）
保護者（親や家族など、子どもの世話をする人）

書き込み練習

入学申請書

○○教育委員会

○○小学校に就学させたいので，許可願いたく申請します

平成　年　月　日

申請者氏名　　　　　　　　　　　印

就学児童氏名	
生年月日	年　　月　　日　　性別　　男　女
児童住所	〒
就学希望校	
就学期間	
希望する理由	
保護者氏名	フリガナ　　　　　　　　　　　　　（続柄　　　　）
保護者住所	
保護者電話番号	

こども1

MEMO｜外国人入学申請書

　外国籍児童・生徒は、日本での就学は義務ではありません。そのため、日本の学校に通いたいときは、この書類を出す必要があります。『外国人児童生徒就学（入学）許可願』とよぶ自治体もあります。当然、日本人児童・生徒は出さなくてもいい書類なので、日本人の知り合いに聞いても書き方を説明してもらえるかどうかわかりません。

5 就学援助費申請書

就学援助費：子どもの勉強のためにもらう援助金

✓ チェック！

保護者（親や家族など、子どもの世話をする人）　経済的理由（お金が足りないこと）　就学（学校で勉強すること）　世帯（いっしょに生活している家族）　振込口座（お金を受け取る銀行の口座）

 書き込み練習

就学援助費申請書

○○長　様

私は下記の理由により就学援助費の支援を受けたいので申請します

平成　　年　　月　　日

保護者氏名　　　　　　　　　　　　　　　　　　　　印

住所　〒

電話番号　自宅（　　　　　　　　）携帯（　　　　　　　　）

| 申請理由 | 1　経済的理由により就学が困難なため
2　病気，事故，災害などにより就学が困難なため
3　その他（　　　　　　　　　　） |

審査に当たり，世帯全員の平成　　年度市民税所得割課税額を調査，確認される事を承認します

平成　　年　　月　　日

署名（保護者）（　　　　　　　　　　　　　　　）印

振込口座

金融機関名	口座名（普通　当座） 口座番号
店名	フリガナ 口座名義人

世帯構成員票

	氏　名	続柄	生年月日	性別	備　考（電話等）
家庭の状況					

6 名前調査票

子供の正式名や通り名（使いたい場合）を伝える書類

✓ チェック！

児童（子ども）　戸籍（日本に国籍をもつ家族の情報：名前、生まれた年・月・日など）　保護者（親や家族など、子どもの世話をする人）　卒業証書（学校を卒業するときにもらえる紙、卒業を証明するもの）

✏️ 書き込み練習

名前調査票　　〇〇小学校校長

児童氏名 戸籍またはパスポートの通りに 正確に書いてください	
児童生年月日	平成　　　年　　　月　　　日　（男　　女）
住　　　所	
保護者氏名	
住所（上記と異なる場合）	
学校で使いたい名前	フリガナ

＜注意＞
①卒業証書に上記の名前を使いたいときは担任に相談してください。
②学校内外の公的書類ではパスポートの名前を使います．

MEMO　卒業証書の名前

　外国籍の方は、戸籍やパスポートにある名前と通り名（日本で使っている名前）が異なることがあります。ローマ字の名前をカタカナ表記にしたり、長い名前を短くしたりします。また、日本の名前（漢字）を使うこともあります。学校内でも、正式の書類（学籍簿、住民票、在留カードなど）は本当の名前が必要ですが、卒業証書は通り名を使ってもいいことがあります。これは学校によって違うためトラブルになることもあります。
　履歴書を書く時は注意が必要です。履歴書と一緒にパスポートなどの正式書類を見せることがあり、そこで名前が一致していないと問題が起こります。1997年には、とある幼稚園が、在住外国人の通り名と教員免許状の名前（本名）が違っていたため、内定を取り消してしまいました。卒業証書は通り名だったので、本人も深く考えていなかったようですが、あまりに厳しい対応と言えます。

こども1

つかれたら休憩しましょう

こども 2

Children 小孩儿 Crianças 아이 Trẻ em

◆ことばノートJ 「アレルギー」 ……………………………… 92

7. 食物アレルギー調査票 ……………………………… 93
　Food allergy questionnaire　食物过敏调查问卷　Questionário sobre alergia alimentar　음식물알레르기조사표　Phiếu khảo sát thực phẩm bị dị ứng

8. 就学児健康診断健康調査票 ……………………………… 94
　School entrance health examination questionnaire　就学时体检身体健康状况调查表　Questionário de exame de saúde para ingresso na escola　취학시건강진단건강조사표　Phiếu khám sức khỏe khi nhập học

9. 児童（生徒）調査票 ……………………………… 96
　Child survey questionnaire　儿童问卷调查　Questionário sobre a criança (aluno)　아동(학생)조사표　Phiếu khảo sát cho trẻ (học sinh)

10. 給食費減免申請書 ……………………………… 100
　School meal fee reduction and exemption application form　学校伙食费减免申请表　Pedido de redução e isenção da taxa da merenda escolar　급식비감면신청서　Đơn xin miễn giảm phí ăn trưa tại trường

11. インフルエンザによる欠席届・治癒報告書 ……………… 101
　Notification of absence due to influenza and healing certificate　因流感缺席申报表，治愈申报表　Notificação de ausência devido à gripe (influenza) e de cura　인플루엔자로 인한 결석신고/치유보고서　Thông báo nghỉ học do bị cúm hoặc điều trị y tế

12. 連絡帳 ……………………………… 102
　Contact book　通讯录　Caderno de recados e comunicados　연락장,연락수첩　Sổ liên lạc

ことばノート J

アレルギー　　Allergic　过敏　Alergia　알레르기　Dị ứng

① アレルギーに関わる食べ物

卵	Egg　卵巢　Ovo　계란　Trứng
大豆	Soy bean　黄豆　Soja　대두,콩　Đậu nành
牛乳	Milk　牛奶　Leite　우유　Sữa
小麦	Wheat　小麦　Trigo　밀　Lúa mì
そば	Buckwheat noodles　荞麦面　Macarrão de trigo sarraceno　메밀　Mì kiêu mạch
ピーナッツ	Peanuts　花生　Amendoim　땅콩　Đậu phộng
カニ	Crab　螃蟹　Caranguejo　게　Cua
エビ	Shrimp　虾　Camarão　새우　Tôm
さば	Mackerel　鲭鱼　Cavalinha　고등어　Cá thu
いくら	Salmon roe　鲑鱼鱼子酱　Caviar de salmão, ovas de salmão　소금물에 절인 연어 알　Trứng cá hồi

② その他のアレルギー

ほこり	Dust　灰尘　Poeira　먼지　Bụi
ダニ	Tick　虫　Carrapato　진드기　Bọ ve
杉の花粉	Cedar pollen　杉树花粉　Pólen de cedro　Phấn cây thông　삼나무의 꽃가루
ハウスダスト	House dust　肉眼几乎无法确认的室内微小灰尘类　Poeira doméstica　집 먼지　Bụi trong nhà
薬	Medicine　药　Remédio　약　Thuốc

③ アレルギーの反応

発疹	Rash　皮疹　Erupção cutânea　발진　Phát ban
蕁麻疹	Hives　麻疹　Urticária　두드러기　Nổi mề đay
アトピー	Atopia　皮肤过敏　Atopia　아토피　Viêm da atopy
喘息	Asthma　哮喘　Asma　천식　Hen suyễn
お腹が痛い	Stomach pain　肚子疼　Dor de barriga　배가 아프다　Đau bụng
花粉症／アレルギー性鼻炎	Hay fever / allergic rhinitis　花粉症/过敏性鼻炎　Febre do Feno/ Rinite alérgica　꽃가루 알레르기/알레르기성 비염　Dị ứng phấn hoa/ Viêm mũi dị ứng
アナフィラキシーショック	Anaphylactic shock　过敏性休克　Choque anafilático　아나필락시 쇼크　Sốc phản vệ

92

7 食物アレルギー調査票

✓ チェック！

代替食品（何かの代わりになる食品） アレルギー（過剰反応、薬や注射で体が悪くなること） アナフィラキシーショック（強いアレルギー反応） 献立（メニュー） 特記事項（特に伝えたいこと）

📝 書き込み練習

　　　　　　　　　　　　　　　　　　　　　　　　　　　年　　　月　　　日

食物アレルギーのある方は、書いてください。代替食品による対応をいたします。

対象者氏名	ふりがな	年齢・性別	歳 □男　□女
保護者氏名		電話： 携帯：	FAX：

問1．アレルギーの原因となる食物は何ですか？
　　　（例：卵、大豆、牛乳、小麦、そば、ピーナッツ、カニ、エビ、さば　など）

問2．食べさせてはいけない（食べられない）加工食品は何ですか？できるだけ詳しくお書きください。　（例：マヨネーズ、カレーのルー、チーズ、ウインナー　など）

問3．問2の食物を食べるとどうなりますか？
　　　かゆくなる　嘔吐する　下痢する　湿疹が出る　息が苦しくなる
　　　その他（　　　　　　　　　　　　　　　　　）

問4．アナフィラキシーショックを起こしたことがありますか？　　はい　・　いいえ

問5．医師の証明書がありますか？　　　　　　　　　はい　・　いいえ

問6．希望する対応に✓印をつけてください。（複数回答可）
　　　□特に対応はいらない　　□事前に献立を知らせてほしい　　□代替食品を希望する

問7．その他特記事項がありましたらご記入ください。

こども2

8 就学時健康診断健康調査票

 チェック！

就学予定者（これから学校に入る人）　保護者（親や家族など、子どもの世話をする人）
続柄（本人との関係）　予防接種（病気を防ぐための注射）　配慮（気をつかう、考える）

書き込み練習

就学時健康診断健康調査票

記入日　平成　　年　　月　　日

就学予定者氏名	フリガナ　　　　　　　　　　　　　　　　男　　女
就学予定者生年月日	平成　　年　　月　　日
住所	
保護者氏名	フリガナ　　　　　　　　　　　　　続柄（　　　）
住所（上記と異なる場合）	

1　生まれたときの様子で特に知らせたい事があればかいてください

2　予防接種（○をつけてください）

BCG　　　　　　（済・未）	風しん　　　　　　（済・未）
DPT三種混合　　（済・未）	水ぼうそう　　　　（済・未）
ポリオ　　　　　（済・未）	はしか　　　　　　（済・未）
日本脳炎　　　　（済・未）	おたふくかぜ　　　（済・未）
ツベルクリン反応　（未・陰性・陽性）	

これまでに受けた予防接種で困った事はありますか

3　今までにかかった病気に○をつけてください

はしか	風しん	水ぼうそう	おたふくかぜ	ぜんそく	川崎病
結核	腎臓病	アトピー性皮膚炎		アレルギー性疾患	
その他　（					）

それらの病気について，伝えておきたい事があれば，書いてください

4　現在医師にかかっている病気はありますか

5　お子様のからだや心のことで，しらせておきたいことがありますか

6　就学時健康診断で，配慮して欲しい事があればお書きください

こども2

MEMO　就学時健康診断

　公立小学校は、入学する前に就学時健康診断があります（入学後の場合もあります）。住んでいる自治体から健康診断のスケジュールやこの「就学時健康診断健康調査票」が来ます。健康診断の日にこの調査票（記入したもの）を出します。

9 児童（生徒）調査票

子どもの安全のため毎年4月に学校に出す情報提供書類

✓ チェック！

保護者（親や家族など、子どもの世話をする人）　保護者との続柄（保護者から見た子どもとの関係）　現住所（今、住んでいるところ）　職業（仕事）　勤務先（仕事をするところ）　アレルギー（過剰反応、薬や注射で体が悪くなること）　帰宅先（学校が終わってから子どもが帰るところ）　学童保育（学校が終わってから施設で子どもを預かること）　要望（学校の先生に伝えたいこと）　目印（目立つところ）

A

Q 何番目のお子さんですか？男の子・女の子ですか？

例

長男（1番目の男の子）、長女（1番目の女の子）
二男（2番目の男の子）、二女（2番目の女の子）…

B

Q 子どもの体は元気ですか？何か問題があれば書きましょう。

例

病気	ぜんそく、アトピー、発疹など ➡ ことばノートE（50ページ）
ケガ	火傷、切傷、骨折など ➡ ことばノートG（66ページ）
アレルギー	ほこり、ダニ、杉の花粉、たまご、小麦粉、ピーナッツなど ➡ ことばノートJ（92ページ）

C

Q 何か子どもが習っていることはありますか？

例

ピアノ、そろばん、習字、水泳、サッカー、柔道、学習塾など

D Q 先生に伝えたいことはありますか？心配なことを書きます。

例

・日本語は聞き取れるけど、話せません。
・卵アレルギーなので、食べられません。
・日本の食べ物が苦手です。
・特になし

E Q 子どもが歩く道を書きましょう。目印から家までの地図です。

目印の例

駅、ファミリーレストラン、学校、郵便局、コンビニなど

＊線路や橋の書き方はわかりますか？一度練習してみましょう。

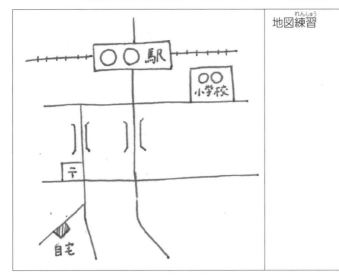

地図練習

こども2

MEMO（先生へ）

在住外国人には、地図を書くことに慣れていない人もいらっしゃいます。ここで一度ゆっくり練習してみましょう。児童（生徒）調査票には個人情報をたくさん書きます。先生は、情報の管理には十分注意し、相手が不安にならないような配慮をおねがいします。

97

書き込み練習

(表)

平成　　年度児童調査票		立　　小学校	

年　　組　　番　記入者氏名（　　　　　　　　）記入日（平成　年　月　日）

児童	ふりがな 氏名		性別	男　女
	生年月日	平成　年　月　日生	保護者との続柄	
	現住所	郵便番号　　－	自宅電話	

保護者	ふりがな 氏名（続柄）	
	連絡先（携帯 電話など）	
	ふりがな 氏名（続柄）	
	連絡先（携帯 電話など）	

緊急連絡先 （保護者以外）	名前　　　　　　　　続柄 電話番号

家族構成	続柄	氏名	年齢	学校（学年）	備考

A

(裏)

<table>
<tr><td colspan="3" align="center">平成　　年度児童調査票　　　　　立　　　小学校</td></tr>
<tr>
<td>健康状態</td>
<td>学校に伝えておきたい病気・ケガ・アレルギーなど</td>
<td>**B**</td>
</tr>
<tr>
<td rowspan="4">生活環境・その他</td>
<td>帰宅先（○をつけてください）</td>
<td>自宅へ直接　　　学童保育
その他（　　　　　　　　　　　　　　　　　　　）</td>
</tr>
<tr>
<td>親しい友達（本校在籍児童）</td>
<td>名前（　　　　　　　　　）　　　年　　　組
名前（　　　　　　　　　）　　　年　　　組</td>
</tr>
<tr>
<td>習い事（塾・音楽・スポーツなど）
（例　ピアノ　週1回）</td>
<td>1（　　　　　　　　）　週　　回
2（　　　　　　　　）　週　　回
3（　　　　　　　　）　週　　回　　**C**</td>
</tr>
<tr>
<td>要望等</td>
<td>学校への要望、子どもの特記事項（特に伝えておきたいこと）をお書きください　　**D**</td>
</tr>
<tr>
<td>自宅付近の略図</td>
<td colspan="2">特に通学路、目印になる建物などを詳しくかいてください　　**E**</td>
</tr>
</table>

こども2

10 給食費減免申請書

✓ チェック！

児童（子ども、主に小学生）　生徒（子ども、主に中学生・高校生）　保護者（親や家族など、子どもの世話をする人）　減免（減らすこと、無くすこと）　事由（理由と同じ）

書き込み練習

　　　　　　　　　　　　　　　　　　　　　　　平成　　年　　月　　日

　　　　　　　殿

　　　（住所）
　　　_____

　　　（児童生徒氏名）
　　　_____

保護者氏名　　　　　　　　　　　　　　　　　　　　　　　㊞

保護者住所（上記と異なる場合）

電話番号

児童又は生徒との続柄（　　　　　　　）

○○学校給食費減免申請書

平成　　　年度分の学校給食費について減免を受けたいので、次のとおり申請します。

減免の対象となる児童又は生徒	学校名		学校	学年等		年	組
	フリガナ						
	氏名						
申請理由							
申請事由の発生日		年　　月　　日					
その他							

11 インフルエンザによる欠席届・治癒報告書

感染症の拡大を防ぐため学校に出す報告書

✓ チェック！

疾患（病気） 医師（お医者さん） 病名（病気の名前） 出席停止（学校に行くことができないこと） 登校（学校に行くこと） 受診（お医者さんに会って病気などを調べてもらうこと） 医療機関名（病院の名前） 保護者（親や家族など、子どもの世話をする人）

書き込み練習

```
               ＜インフルエンザによる欠席届・治癒報告書＞

               殿

                         年        組       氏名

下記の疾患について平成    年        月        日に医師の診断を受けました


病名


出席停止の期間         月       日～      月       日

          月       日から登校する予定です．

受診した医療機関名

医療機関の電話番号

          平成    年       月       日

          保護者氏名                              印
```

MEMO 感染症

インフルエンザなどの感染症にかかったら学校に行ってはいけません。下の病気も同じです。学校によっては、治った後に『治癒証明書』（病院でお医者さんが書きます）を出さなければなりません。

人に感染する病気（感染症）例

感染性胃腸炎（ノロウィルス）、麻疹、風疹、水痘、伝染性紅斑（りんご病）、溶連菌感染症、手足口病、伝染性膿痂疹（とびひ）、百日咳、流行性耳下腺炎（おたふくかぜ）など

こども2

12 連絡帳

子供の親が教員と連絡するためのノート

✓ チェック！

欠席（学校をやすむこと）　遅刻（学校におくれていくこと）　早退（学校から早く帰ること）　家庭からの連絡（親が先生に伝えたいこと）

書き込み練習

記入日　　年　　月　　日

	教科	予定
1		
2		
3		
4		
5		
6		ここには親は書きません。
宿題		
もってくるもの		
学校からの連絡		

家庭からの連絡：
（欠席、遅刻、早退など）

引っ越し

Moving　搬家　Mudança　이사　Chuyển nhà

◆ことばノートK「転居（引っ越し）」……………………………… 104

1. 転居届 ……………………………………………………………… 106
   Notification of change of address　住址变更申报　Notificação de mudança de endereço　전출신고　Thông báo chuyển chỗ ở

2. 電気・ガス・水道　使用停止の申し込み ……………………… 108
   Application for stopping electricity, gas and water use　电力煤气燃气水道利用停止申请　Formulário para desativar a luz, gás e água　전기/가스/수도 사용정지 신청　Đăng ký ngừng sử dụng điện, ga, nước

3. 電気・ガス・水道　使用開始の申し込み ……………………… 110
   Application for electricity, gas and water use　电力煤气燃气水道利用开始申请　Formulário para ativar a luz, gás e água　전기/가스/수도 사용개시 신청　Đăng ký bắt đầu sử dụng điện, ga, nước

4. インターネットプロバイダの解約届 …………………………… 112
   Internet provider cancellation notice　互联网解约申请表　Aviso de cancelamento do provedor de Internet　인터넷 프로바이더(공급업자) 해약 신고　Đăng ký hủy hợp đồng cung cấp internet

ことばノート K

転居(引っ越し)

Moving　住址変更　Mudança
전출　Chuyển chỗ ở

① 転居(引っ越し)

旧住所

転送

新住所
(お引っ越し先の住所)

ご連絡先お電話番号
(自分の電話番号)

契約  解約

② ライフライン

Utilities including gas and water　煤气燃气生活用水等公用设施的供应　Lifeline　라이프라인　Hệ thống tiện ích phục vụ sinh hoạt, gồm điện, ga, nước...

ガス　　水道(すいどう)　　電気(でんき)

③ 立会(たちあ)い

Waiting for an employee from a gas company to install gas　煤气燃气公司等来访作业时须在场确认　Visita da companhia de gás para iniciar o uso do gás　입회　Giám sát, trông chừng

立会(たちあ)い者(しゃ)（立会(たちあ)い人(にん)）　作業者(さぎょうしゃ)　　　ガスメーター

④ 建物形態(たてものけいたい)

Building form　建筑物形态　Tipo de construção
건물형태　Hình thức xây dựng

集合住宅(しゅうごうじゅうたく)（アパート、マンション）　　一戸建(いっこだ)て

引っ越し

105

1 転居届

新しい住所へ手紙を転送してもらうための書類（郵便局に出す）

✓ **チェック！**

転居（引っ越し）　届け出年月日（この紙を出す日）　転送（手紙などを新しい住所へ送ってもらうこと）　転送開始年月日（転送開始を希望する日）　旧住所（引っ越し前の住所）　転居者（引っ越しする人）　旧姓（結婚する前の名前）　新住所（引っ越し後の住所）　ハイフン（記号「‐」）、続柄（本人との関係）

➡ ことばノートK（104ページ）

A 上記の転居者以外で引き続き旧住所にお住まいになる方の有無・人数
⇒引っ越し後、古い家に住む人はいますか？いるとしたら、何人ですか？

この人は何人ですか？

旧住所

B 同居の場合
⇒新住所が誰かの家に一緒に住む場合、その家の苗字（姓）は？

この人の苗字は何ですか？

新住所（同居）

106

書き込み練習

届け出年月日	転送開始年月日
せいれき 西暦 20　　年　　月　　日	西暦 20　　年　　月　　日

旧住所

〒　　　　　　　　都・道　　　　　　市・区
　　　　　　　　　府・県　　　　　　郡
　　　　　　　　　区・町
　　　　　　　　　　　　村　　　　丁目　　番地　　　号
　　　　号棟　　　号室（マンション名：　　　　　　　　　　　　）

同居の場合：	さまかた 様方	Tel:　　（　　　　）

転居者氏名

フリガナ			フリガナ	
氏名	(姓)	(名)	旧姓	
フリガナ			フリガナ	
氏名	(姓)	(名)	旧姓	
フリガナ			フリガナ	
氏名	(姓)	(名)	旧姓	
フリガナ			フリガナ	
氏名	(姓)	(名)	旧姓	

上記の転居者以外で引き続き旧住所にお住まいになる方の有無・人数

いません ○　　います ○　　→いますの場合　人数：　　　　人　　　　　　　　**A**

新住所

〒　　　　　　都・道　　　　　　市・区　　　　　　区・町
　　　　　　　府・県　　　　　　郡　　　　　　　　村
　　　　　　　　　　　　　丁目　　　　番地　　　　号
　　　　　号棟　　　号室（マンション名：　　　　　　　　　　　　）

同居の場合：　　　　　様方	Tel: ☐☐☐☐☐☐☐☐☐☐☐ ハイフンを入れず市外局番から左詰で連絡が取れる番号を必ずご記入ください（携帯番号可）	**B**

ていしゅっしゃ 転居届提出者氏名		いん 印

転居者との続柄	ほんにん 本人 ○　かぞく 家族 ○　同居者 ○　じゅうぎょういんとう 従業員等 ○

引っ越し

2 電気・ガス・水道　使用停止の申し込み

✓ チェック！

必須（必ず書くところ）、全角（太い文字のサイズ　例　Ａ　）⇔ 半角（細い文字のサイズ　例　A　）、ガスメーター（ガスの使用量を示す機器）、弊社（私の会社）、ご使用者名（ご契約者名、使っている人）、清算料金（最後の日に払う料金）、作業者（ガス会社の人）、現金（お金）、立会い（ガス会社の人が家に来ること）、転居（引っ越し）、お申込者（この書類を書いている人）

➡ ことばノートK（104ページ）

A　**Q** これまで使った料金を最後の日に払います。

どうやって払いますか？

〇現在と同じお支払い方法（口座振替またはクレジットカード支払いの場合）

（銀行で引き落としている人かクレジットカードで払っている人は、今と同じ方法で払います）

〇お引っ越し先への払込書送付

（新住所に払込書が届くので、それを持って銀行へ行って払います）

〇作業当日に作業者へ現金でお支払い（※立会いが必要）

（立会いの人にお金を払います）

B　**Q** この書類を書いている人とご使用者［電気・ガス・水道を使っている人、その

契約をした人］との関係は何ですか？

〇本人　　　　　（ご使用者がこれを書いています）

〇ご家族　　　　（ご使用者の家族がこれを書いています）

〇不動産会社　　（会社の人がこれを書いています）

〇その他

MEMO

　この練習で使っている申し込みは、ネット上で書くものです。パソコンで文字を打てない人は、周りの人に聞いてみましょう。書く前に、ガス会社（電気会社、水道会社）から毎月届いている「お知らせ」を用意しましょう。その番号が必要になります。こういった申し込みは電話やFAXでも可能です（会社によって違います）。

書き込み練習

・お手元に「ガスご使用量のお知らせ」(「電気ご使用量のお知らせ」「ご使用水量のお知らせ」)をご準備ください(「必須」の箇所は必ずご入力ください)。

ご使用場所番号 (お客様番号): 必須	※「ガスご使用量のお知らせ」/「電気ご使用量のお知らせ」 /「ご使用水量のお知らせ」に記載されている番号			
ご使用を停止する住所	郵便番号 必須: — (半角数字)			
	都道府県 必須: 行政市区 必須:			
	行政町 必須: 丁目:			
	番地・号 必須: (全角)			
	建物形態 必須: ○集合住宅 ○一戸建て			
	建物名: (全角)			
	部屋番号: (全角)			
ガスメーターの位置 必須	弊社の作業者が、お客様の立会いなく、単独でガスメーターまで行くことができますか? ○はい ○いいえ			
ご使用者名 (全角)	お名前 必須: (漢字)			
	フリガナ 必須: (全角カナ)			
精算料金の支払い方法 必須	○現在と同じお支払い方法 (口座振替またはクレジットカード支払いの場合) ○お引っ越し先への払込書送付 ○作業当日に作業者へ現金でお支払い (※立会いが必要) **A**			
ご使用停止の 希望日時	第1希望日時 必須: 年 月 日 第2希望日時 必須: 年 月 日			
お止めする理由	○転居 ○一時閉栓 ○その他			
お申込者 (ご契約者との関係)	○本人 ○ご家族 ○不動産会社 ○その他 **B**			
お申込者の連絡先	— —			

引っ越し

3 電気・ガス・水道　使用開始の申し込み

✓ チェック！

必須（必ず書くところ）、全角（太い文字のサイズ　例 Ａ）⇔ 半角（細い文字のサイズ　例 A）、オートロック（自動でカギがかかるドア）、ご使用者名（ご契約者名、使っている人）、立会い（ガス会社の人が家に来ること）、本人（自分）、代理人（本人ではないひと）、勤務先（仕事をしているところ）、お申込者（この書類を書いている人）

➡ ことばノートK（104ページ）

A　Q ガス会社の人が来るとき、誰が会いますか？

○本人　（使用者が立ち会います）
○代理人（使用者は立ち会いません：下から選んでください）
　　　　○ご家族　○不動産会社　○その他

B　Q この書類を書いている人とご使用者［電気・ガス・水道を使っている人、その契約をした人］との関係は何ですか？

○本人　　　（ご使用者がこれを書いています）
○ご家族　　（ご使用者の家族がこれを書いています）
○不動産会社（会社の人がこれを書いています）
○その他

MEMO

この練習で使っている申し込みは、ネット上で書くものです。パソコンで文字を打てない人は、周りの人に聞いてみましょう。こういった申し込みは電話やFAXでも可能です（会社によって違います）。

書き込み練習

・「必須」の箇所は必ずご入力ください。

ガスを開ける住所 (全角) 必須	郵便番号 必須 ：　　－　　　　（半角数字） 都道府県 必須 ：　　　　行政市区 必須 ： 行政町 必須 ：　　　　丁目： 番地・号 必須 ：　　　　（全角） 建物形態 必須 ：　○集合住宅　　○一戸建て 建物名：　　　　（全角） 部屋番号：　　　　（全角） オートロック：　○有　　○無
ご使用者名 (全角)	お名前 必須 ：　　　　（漢字） フリガナ 必須 ：　　　　（全角カナ）
電話番号（半角）：	－　　　－
ご使用開始の希望日時	第1希望日時 必須 ：　　年　　月　　日 　　　　　　　　　　　時〜　　　時頃 第2希望日時 必須 ：　　年　　月　　日 　　　　　　　　　　　時〜　　　時頃 ※月曜日〜土曜日の17時以降をご希望の場合は、お電話でお申し込みください。
立会いしていただける方	○本人　　○代理人（○ご家族　○不動産会社　○その他）　　　A ※「代理人」の方は下記の項目に必ずご回答ください。 お名前（カナ）： 電話番号（半角）：　　　－　　　－ 　　　　　　　　○自宅　　○携帯　　○勤務先
お申込者 (ご契約者との ご関係)	○本人　○ご家族　　○不動産会社　○その他　　　B
お申込者連絡先 (半角)	E-mail　　　　：　　　　＠ E-mail（確認用）：　　　　＠ ※入力間違いを防ぐため、コピーせずに入力してください。 電話番号：　　　－　　　－ 　　　　○自宅　　○携帯　　○勤務先

引っ越し

111

4 インターネットプロバイダの解約届

✓ チェック！

登録住所（申し込みをした時の住所）、新住所（引っ越し後の住所）、解約（契約をやめること）、解約月（何月に解約したいか）

➡ ことばノートK（104ページ）

✎ 書き込み練習

お申し込み日：　　年　　月　　日

【1】ご登録情報について、全ての項目をご記入ください。

名前	フリガナ	お客様コード
メールアドレス	＠	
登録住所	〒　　　　　　　　　　　都・道　府・県	区・市・郡
電話番号		
解約希望日		

※解約後のご住所が上記と異なる場合は、新住所をご記入ください。

新住所	〒　　　　　　　　　　　都・道　府・県	区・市・郡
電話番号		

【2】郵便または、FAXでお送り下さい。
宛先：〒104-0000　東京都〇〇区〇〇3-3-3　株式会社□□
FAX：03-3333-3333

MEMO

引っ越しの後も同じ会社のインターネットを使う場合は、解約しなくても大丈夫です。住所変更の手続きをしましょう。

ここには簡単な訳だけがあります。
詳しい訳はホームページでダウンロードできます。

語彙	英語	中国語	ポルトガル語	韓国語	ベトナム語
あ	あいしょう［愛称］	Nickname	昵称	Apelido	애칭	Tên thường gọi
	あたま［頭］	Head	头	Cabeça	머리	Đầu
	あなふぃらきしーしょっく［アナフィラキシーショック］	Anaphylactic shock	过敏性休克	Choque anafiláctico	아나필락시 쇼크	Sốc phản vệ
	あれるぎー［アレルギー］	Allergies	过敏	Alergia	알레르기	Dị ứng
い	い［胃］	Stomach	胃	Estômago	위	Dạ dày
	いし［医師］	Physician	医生	Médico	의사	Bác sĩ
	いじょう［異常］なし／はない	No abnormalities (normal, okay)	正常	Nenhuma anormalidade	이상 없음	Không có gì bất thường
	いっこだて［一戸建て］	Residential home	别墅型住宅	Casa	단독주택	Nhà riêng
	いっぱんてきなたいちょうふりょう［一般的な体調不良］	General poor condition	一般性身体不适	Sensação de mal-estar	일반적인 몸상태가 좋지 않음	Cơ thể không được khỏe
	いにん［委任］	Delegation	授权委托	Delegação	위임	Ủy thác
	いりょうきかんめい［医療機関名］	Name of medical institution	医疗机构名	Nome da instituição médica	의료기관명	Tên tổ chức y tế
	いんせい［陰性］	Negative	妊娠检查为阴性	Negativo	음성	Âm tính
う	うちわけ［内訳］	Breakdown, details	具体详细内容	Detalhes	내역	Chi tiết
	うつし［写し］	Copy	复印件	Cópia	복사본	Bản sao
	うんてんめんきょしょう［運転免許証］	Driver's license	驾照	Carteira de motorista	운전면허증	Bằng lái xe
お	おあずけいれきんがく［お預け入れ金額］	Deposit amount	存储金额	Valor de depósito	예금액	Tiền gửi
	おうと［嘔吐］	Vomiting	呕吐	Vómito	구토	Ói mửa
	おーとすうぃんぐげんどがく［オートスウィング限度額］	Auto swing limit	利用金额上限	Limite de crédito "Auto swing"	오토스윙 한도액	Hạn mức tài khoản
	おーとろっく［オートロック］	Auto-lock	自动锁	Auto lock	오토록/자동잠김	Khóa tự động
	おくちのおていれ［お口のお手入れ］	Oral care	口腔护理	Cuidado bucal	구강관리	Chăm sóc răng miệng
	おところ［おところ］	Address	地址	Endereço	주소, 연락처	Địa chỉ nhà
	おとどけさき［お届け先］	To, delivery address	发送指定地址	Destinatário	보낼 곳, 송달처	Người nhận
	おもうしこみしゃ［お申込者］	Applicant	申请人	Contratante	신청자	Người đăng ký
	おもうしこみび［お申込日］	Date of notification	申请日	Data de inscrição	신청일	Ngày đăng ký
	おなか［お腹］	Stomach	腹部	Barriga	배	Bụng
か	がいこうとっけん［外交特権］	Diplomatic immunity	外交豁免权	Imunidade diplomática	외교특권	Miễn trừ ngoại giao
	かいごし［介護士］	Caregiver	护士	Cuidador	요양보호사	Y tá, hộ lý
	かいごほけんしせつ［介護保険施設］	Long-term health insurance facility	长期看护护理专门设施	Facilidade de Seguro de Assistência	개호보험시설	Cơ sở bảo hiểm chăm sóc điều dưỡng
	かいしゃ［会社］	Company	公司	Empresa	회사	Công ty
	かいしゃいん［会社員］	Company employee	公司员工	Funcionário de empresa	회사원	Nhân viên công ty
	がいしょう［外傷］	External injury, traumatic wound	外部损伤，创伤性伤口	Trauma Físico	외상	Chấn thương bên ngoài
	かいやく［解約］	Cancellation	解约	Cancelamento	해약	Hủy hợp đồng
	かいやくづき［解約月］	Month of cancellation	解约预定月份	Mês do cancelamento	해약월	Tháng hủy hợp đồng
	かきとめ［書留］	Registered mail	挂号邮件	Carta registrada	등기 우편	Thư đảm bảo
	がくせい［学生］	Student	学生	Estudante, aluno	학생	Sinh viên
	がくどうほいく［学童保育］	After-school care for children	课后儿童托育所	Creche Pós-Horário Escolar	학동보육	Giữ trẻ sau giờ học
	がくれき［学歴］	Education history	学历简介	Formação acadêmica	학력	Quá trình học tập
	がす［ガス］	Gas	煤气燃气	Gás	가스	Ga

113

語彙	英語	中国語	ポルトガル語	韓国語	ベトナム語
がすめーたー［ガスメーター］	Gas meter	煤气燃气使用量指示表	Medidor de gás	가스 계량기	Công tơ mét đo ga
かぜい［課税］	Taxation	纳税	Tributação	과세	Nộp thuế
かぞくこうせい［家族構成］	Family structure	家庭构成	Estrutura familiar	가족구성	Thành phần gia đình
かていからのれんらく［家庭からの連絡］	Contact from the home	家长联系	Comunicado da família	가정으로부터의 연락	Liên lạc từ gia đình
かんぞう［肝臓］	Liver	肝	Fígado	간	Gan
きかんし［気管支］	Bronchial tube	支气管	Brônquio	기관지	Khí quản
きぎょう［企業］	Business enterprise	企业	companhia	기업	Doanh nghiệp
きそねんきんばんごう［基礎年金番号］	The basic pension number	基本养老金保险号码	Número da Aposentadoria Básica	기초연금번호	Mã số lương hưu cơ bản
きたくさき［帰宅先］	Home address, returning home destination	家庭住址	Endereço residencial	귀가처	Nơi trở về
きゅうじゅうしょ［旧住所］	Former address	旧地址	Endereço antigo	구주소, 이전 주소	Địa chỉ cũ
きゅうしょくかつどう［求職活動］	Job hunting	求职	Procura de emprego	구직활동	Tìm việc
きゅうせい［旧姓］	Maiden name	旧姓	Nome de solteiro	구성	Họ cũ
きゅうよ［給与］	Salary	工资，薪水	Salário	급여	Lĩnh lương
きょういん［教員］	Teacher, academic	教师	Professor, acadêmico	교원	Giáo viên, giảng viên
きょうぎりこん［協議離婚］	Amicable divorce	调停离婚	Divórcio Consensual, amigável	협의이혼	Ly hôn đồng thuận
きろく［記録］	Record	记录	Registro	기록	Ghi chép chi tiết
きんしゅ［金種］	Currecy denomination	货币类别	Tipo de dinheiro	금종	Loại tiền
きんしんしゃ［近親者］	Close blood relatives	家人，有血缘关系的亲属	Parentes próximos	근친자	Người thân cận
きんむさき［勤務先］	Place of employment	工作单位	Local de trabalho	근무처	Nơi làm việc
きんゆうきかん［金融機関］	Financial institutions	金融机构	Instituições financeiras	금융기관	Tổ chức tài chính
くーる［クール］	Refrigerated delivery service	冷藏冷冻递送服务	Entrega de produtos refrigerados e congelados	냉장이나 냉동으로 배달해주는 서비스	Gửi lạnh
くち［口］	Mouth	口	Boca	입	Miệng
くりにっく［クリニック］	Clinic	诊所	Clínica	클리닉, 진료소	Phòng khám tư
くれじっと［クレジット］	Credit	信用卡	Crédito	신용	Thẻ tín dụng
けいえいしゃ［経営者］	Managers	经营者	Gerente	경영자	Doanh nhân
けいざいてきりゆう［経済的理由］	Economic reasons	经济原因	Questões financeiras	경제적 이유	Khó khăn về kinh tế
けいじどうしゃぜい［軽自動車税］	Light vehicle tax	轻型车辆税	Imposto sobre veículos leves	경자동차세	Thuế xe hạng nhẹ
けいぞく［継続］	Renew	更新申请	Renovação	계속	Gia hạn
けいやく［契約］	Contract	签约	Contrato	계약	Ký hợp đồng
けつえき［血液］	Blood	血液	Sangue	혈액	Máu
けっかん［血管］	Blood vessel	血管	Vaso sanguíneo	혈관	Huyết quản
けっこん［結婚］	Marriage	结婚	Casamento	결혼	Kết hôn
けっせき［欠席］	Absence	缺席	Ausência	결석	Vắng mặt
げんきん［現金］	Cash	现金	Dinheiro em espécie	현금	Tiền mặt
けんげん［権限］	Authority	权利限制	Autoridade	권한	Quyền hạn
げんじゅうしょ［現住所］	Current address	当前住址	Endereço atual	현주소	Địa chỉ hiện tại
けんせつぎょう［建設業］	Construction worker	建筑工	Trabalhador de construção	건설업	Công nhân xây dựng
げんめん［減免］	Reduction	减免	Isenção parcial	감면	Miễn giảm
ごいらいぬし［ご依頼主］	From, sender	发件人，发送人	Remetente	의뢰주, 의뢰인	Người gửi
こうざばんごう［口座番号］	Account number	账户号码	Número da conta	계좌번호	Số tài khoản
こうざめいぎ［口座名義］	Account holder	帐号人	Titular da conta	계좌명의	Chủ tài khoản

語彙	英語	中国語	ポルトガル語	韓国語	ベトナム語
こうじょうてきしせつ［恒常的施設］	Permanent establishment	常设机构	Estabelecimento permanente	본인이 가지고 있는 고정 사업장	Cơ sở thường trú
こうせいねんきん［厚生年金］	Employee's pension	厚生年金	Previdência Social	후생연금	Lương hưu phúc lợi xã hội
こうつうじこ［交通事故］	Traffic accident	交通事故	Acidente de trânsito	교통사고	Tai nạn giao thông
こうむいん［公務員］	Public officials	公务员	Funcionário público	공무원	Công chức
こくがいじゅうしょ［国外住所］	Address in your home country	海外居住地地址	Endereço no seu país de origem	국외 주소	Địa chỉ ở nước ngoài
こくせき［国籍］	Nationality	国籍	Nacionalidade	국적	Quốc tịch
こくみんけんこうほけんぜい［国民健康保険税］	National health insurance tax	国民健康保险税	Imposto sobre o Seguro de Saúde Nacional	국민건강보험세	Thuế bảo hiểm sức khỏe quốc dân
こくみんねんきん［国民年金］	National pension	国民年金	Previdência Nacional	국민연금	Lương hưu quốc dân
ごしようしゃめい［ご使用者名］	User name	用户名	Nome de usuário	사용자명	Tên người dùng
こじんしょうてん［個人商店］	Family-run operations	个体经营贩卖商铺	Loja pessoal	개인상점	Hộ buôn bán lẻ
こせき［戸籍］	Family register	户籍	Registro familiar	호적	Hộ khẩu
こていしさんぜい［固定資産税］	Property tax	固定财产税	Imposto sobre bens fixos	고정자산세	Thuế tài sản cố định
こどもがよくかかるびょうきやしょうじょう［子どもがよくかかる病気や症状］	Illness or symptoms that children frequently get	小孩儿易患疾病及症状	Doenças e sintomas comuns na infância	아이가 자주 걸리는 병이나 병세	Bệnh, triệu chứng thường gặp ở trẻ em
こようしゃ［雇用者］	Employers	雇主	empregadores	고용자	Người sử dụng lao động
ごれんらくさきおでんわばんごう［ご連絡先お電話番号］	Reachable phone number	您的联系方式及电话号码	Telefone para contacto	연락처 전화번호	Số điện thoại liên lạc
こわれもの	Fragile	易碎物品	Objetos frágeis	깨지는 물건	Đồ dễ vỡ
こんしーずん［今シーズン］	This season	这个年度	Nesta época	지금 시즌	Mùa này
こんだて［献立］	Menu	伙食单	Menu	식단	Thực đơn
さいこん［再婚］	Remarried	再婚	Segundo casamento, casar novamente	재혼	Tái hôn
ざいしょくしょうめいしょ［在職証明書］	Certificate of employment	在职证明	Certificado de trabalho	재직증명서	Giấy chứng nhận công tác
さいん［サイン］	Signature	签字	Assinatura	사인, 서명	Chữ ký
さかさまげんきん［逆さま厳禁］	This side up, no upside-down	搬运时严禁上下颠倒	Este lado para cima	거꾸로 절대 짐을 놓지 말 것, 상하반 대방향 엄격 금지	Dựng theo hướng này
さぎょうしゃ［作業者］	Worker	直接操作人员	Trabalhador, funcionário	작업자	Người tác nghiệp
さぷりめんと［サプリメント］	Supplements	滋养保健品	Suplementos	서플리먼트, 영양제	Thực phẩm chức năng
さらりーまん［サラリーマン］	Office worker	白领阶层	Salaryman	샐러리맨	Người làm công ăn lương
さんじょ［三女］	Third daughter	三女	Terceira filha	셋째 딸	Con gái thứ ba
さんてい［算定］	Calculation	计算	Cálculo	산정	Tính toán
しかく［資格］	Qualification, certification, credentials	资格认证, 证书	Qualificações, certificados	자격	Chứng nhận, chứng chỉ chuyên môn
じじょ［二女］	Second daughter	次女	Segunda filha	차녀	Con gái thứ hai
したづみげんきん［下積み厳禁］	Do not stack	搬运时严禁上有重压	Não empilhar	위에 다른 물건을 절대 쌓지 말 것	Không được xếp ở dưới
しっかん［疾患］	Disease, illness	所患疾病	Doença	질환	Bệnh
してん［支店］	Branch office	分店, 分公司	Filial	지점	Chi nhánh
じどう［児童］	Children	儿童	Crianças	아동	Nhi đồng
じどうしゃじゅうりょうぜい［自動車重量税］	Automobile weight tax	汽车重量税	Imposto sobre peso do veículo	자동차중량세	Thuế trọng lượng ô tô
じどうしゃぜい［自動車税］	Car tax	汽车税	IPVA	자동차세	Thuế ô tô
じなん［二男］	Second son	次子	Segundo filho	차남	Con trai thứ hai
しはんやく［市販薬］	Over-the-counter drugs	非处方药	Remédio comercial	시판약	Thuốc bán trên thị trường
しべつ［死別］	Bereavement, Widowed	死亡。丧亲之痛	Viúvo	사별	Tử biệt

115

語彙	英語	中国語	ポルトガル語	韓国語	ベトナム語
じゆう［事由］	Reason	原因	Motivo	사유	Lý do
しゅうがく［就学］	School attendance	就学	Matrícula	취학	Đi học
しゅうがくきぼうこう［就学希望校］	First-choice school	报考志愿学校	Escola desejada para matrícula	취학희망교	Trường nguyện vọng 1
しゅうがくよていしゃ［就学予定者］	Child who will be attending the school	适龄就学预定者	Crianças que vão ingressar na escola	취학예정자	Người dự định nhập học
じゅうぎょういん［従業員］	Employee	雇员	Empregado	종업원	Nhân viên
しゅうごうじゅうたく［集合住宅］	Housing	集合住宅公寓	Prédio residencial	집합주택	Nhà tập thể
じゅうみんぜい［住民税］	Resident tax	居民税	Impostos Residencial	주민세	Thuế cư trú
じゅうみんとうろく［住民登録］	Resident registration	居民登记	Registro de residente	주민등록	Đăng ký thường trú
しゅじい［主治医］	Attending physician	主治医师	Médico encarregado	주치의	Bác sĩ chủ trị
じゅしん［受診］	Visit the hospital	去医院看病，接受治疗	Consulta médica	진찰받음	Khám bệnh
しゅっさん［出産］	Childbirth	分娩	Parto	출산	Sinh con
しゅっせきていし［出席停止］	Suspension	出席暂停	Suspensão de frequência	출석정지	Đình chỉ học tập
じゅにゅうちゅう［授乳中］	Lactating, breast-feeding	哺乳	Aleitamento materno	수유중	Đang cho con bú
しょうがっこう［小学校］	Primary school, elementary school	小学	Ensino fundamental	초등학교	Trường tiểu học
しょうじょう［症状］	Symptoms	症状	Sintomas	병세	Triệu chứng
しょうひぜい［消費税］	Consumption tax	消费税	Imposto sobre consumo	소비세	Thuế tiêu dùng
しようもくてき［使用目的］	Intended use	使用目的	Finalidade	사용목적	Mục đích sử dụng
しょくぎょう［職業］	Occupation	职业	Ocupação	직업	Nghề nghiệp
しょくれき［職歴］	Work experience	职业经历简介	Experiência de trabalho	직업경력	Quá trình làm việc
しょこん［初婚］	First marriage	第一次婚姻	Primeiro casamento	초혼	Kết hôn lần đầu
しょとくぜい［所得税］	Income tax	所得税	imposto de Renda	소득세	Thuế thu nhập
しんき［新規］	New	初次申请	Novo usuário	신규	Đăng ký mới
しんけんしゃ［親権者］	A person with parental authority	本人父母	Autoridade Parental	친권자	Người có quyền cha mẹ
しんじゅうしょ［新住所］	New address	新地址	Novo endereço	신주소	Địa chỉ mới
しんぞう［心臓］	Heart	心脏	Coração	심장	Tim
じんぞう［腎臓］	Kidney	肾	Rim	신장	Thận
す すいどう［水道］	Water supply	供水	Abastecimento de água	수도	Nước
せ せいきゅうしゃ［請求者］	Claimant	申请人	Requerente	청구자	Người yêu cầu thanh toán
せいけいひ［生計費］	Cost of living	生活费用	Custo de vida	생계비	Chi phí sinh hoạt
せいさんりょうきん［清算料金］	Charge adjustment	费用结帐	Ajuste da taxa	청산요금	Chi phí điều chỉnh
せいと［生徒］	Students	学生	Aluno	생도/학생	Học sinh
せたい［世帯］	Households	户。一家。	Família	세대	Hộ gia đình
せたいいん［世帯員］	Household members	家庭成员	Membros da família	가족 구성원	Thành viên hộ gia đình
せたいぬし［世帯主］	Head of household	户主	Chefe de família	세대주	Chủ hộ
ぜんかく［全角］	Full-width	全角字体	Modo "zenkaku"	전각	Ký tự 2 byte
そ そうきんきのう［送金機能］	Remittance function	汇款功能	Tranferência de dinheiro	송금기능	Chức năng chuyển tiền
そうたい［早退］	Leave early	早退	Sair mais cedo	조퇴	Về sớm
そくたつ［速達］	Express mail	快递邮件	Envio expresso	속달, 빠른 우편	Chuyển phát nhanh
そつぎょうしょうしょ［卒業証書］	Diploma	毕业证明	Diploma	졸업증서	Bằng tốt nghiệp
そのた［その他］	Other	除上属以外	Outros	그 외	Bệnh khác
た だいがく［大学］	University, college	大学	Universidade	대학	Trường đại học
だいたいしょくひん［代替食品］	Alternate foods	替代食物	Alimentos alternativos	대체식품	Thực phẩm thay thế

116

語彙	英語	中国語	ポルトガル語	韓国語	ベトナム語
だいりけんじゅよないよう［代理権授与内容］	Scope of authority	授权委托范围及具体内容	Escopo da autoridade	대리권수여내용	Nội dung ủy quyền
だいりにん［代理人］	Agent	代理人	Agente	대리인	Người đại diện
たちあい［立会い］	Waiting for an employee from a gas to install gas	煤气燃气公司等来访作业时须在场确认。	Visita da companhia de gás para iniciar o uso do gás	입회	Giám sát, trông chừng
たちあいしゃ［立会い者］	Person who waits for a gas company employee	煤气燃气公司等来访作业时在场确认人。	Pessoa que realiza a visita para ativar o gás	입회자	Người giám sát, trông chừng
たてものけいたい［建物形態］	Building form	建筑物形态	Tipo de construção	건물형태	Hình thức xây dựng
ちこく［遅刻］	Tardy	迟到	Atraso	지각	Đi muộn
ちゃくしゅつし［嫡出子］	Legitimate child	亲生血性子女	filho legítimo	적출자	Con hợp pháp
ちゃくしゅつしでないこ［嫡出子でない子］	Child is not legitimate	非亲生血性子女	Filho ilegítimo	적출자가 아닌 아이	Con không hợp pháp
ちゅうがっこう・こうとうがっこう［中学校・高等学校］	Junior and senior high school	初中和高中	Ensino fundamental, ensino médio	중학교/고등학교	Trường cấp 2, cấp 3
ちょうじょ［長女］	Oldest daughter	长女	Filha mais velha	장녀	Con gái lớn
ちょうてい［調停］	Divorce settlement	调停	Acordo de divórcio	조정	Hòa giải
ちょうなん［長男］	Oldest son	长子	Filho mais velho	장남	Con trai lớn
ちょちく［貯蓄］	Savings	储蓄	Poupança	저축	Tiết kiệm
ちりょう［治療］	Treatment, to cure	治疗	Tratamento	치료	Điều trị
ちりょうちゅう［治療中］	Under medical treatment	治疗过程中	Sob o tratamento médico	치료중	Đang điều trị
つういん［通院］	See a doctor regularly	定期上医院治疗	Frequentar o médico regularmente	통원	Đi khám
つうがく［通学］	Commuting	上下学	trajeto para a escola	통학	Đi học
つうきん［通勤］	Commuting	上下班	Trajeto para o trabalho	통근	Đi làm
つづきがら［続柄］	Relationship	关系	Relação	가족 관계	Quan hệ
ていきしんさつちゅう［定期診察中］	During routine medical examination	定期医疗检查	Realiza exame médico periódicamente	정기진찰중	Đang khám chữa định kỳ
ていしゅつさき［提出先］	Submission destination	提交目的地	Local de submissão	제출처	Nơi nộp giấy tờ
ていしゅつだいりにん［提出代理人］	Submitting agent	提交代理	Agente de submissão	제출대리인	Đại diện nộp đơn
てすうりょう［手数料］	Commission	手续费	Comissão	수수료	Lệ phí
でんき［電気］	Electricity	电力	Eletricidade	전기	Điện
てんきょ［転居］	Moving	住址变更	Mudança	전출	Chuyển chỗ ở
てんきょしゃ［転居者］	Person who move	住址变更人	Pessoa que está de mudança	이주자	Người chuyển chỗ ở
てんそう［転送］	Transfer	邮件转送, 搬家后可以向邮局申请将邮件送至新住所	Transferência	전송	Chuyển tiếp
てんそうかいしねんがっぴ［転送開始年月日］	Transfer start date	邮件转送开始日期, 您希望的转送开始日	Data de início da transferência	전송개시 년월일	Ngày tháng năm bắt đầu chuyển tiếp
とういん［当院］	Our hospital	本医院, 我院	Este hospital	우리 병원	Bệnh viện chúng tôi
どうき［動機］	Motivation	求职动机	Motivação	동기	Động lực
どうきょ［同居］	Cohabitation	同居	Morar junto na mesma casa	동거	Sống chung
とうげつまつ［当月末］	End of the month	本月末	Final deste mês	당월말/이번달 말	Cuối tháng này
とうこう［登校］	Attending school	上学	Frequentar a escola	등교	Đi học
とうろくじゅうしょ［登録住所］	Registered address	注册地址, 已登记地址	Endereço registrado	등록주소	Địa chỉ đăng ký
とくぎ［特技］	Skills	个人擅长	Habilidades	특기	Kỹ năng đặc biệt
どくしん［独身］	Single	单身	Solteiro	싱글	Độc thân
としけいかくぜい［都市計画税］	City planning tax	都市计划税	Imposto sobre planejamento urbano	도시계획세	Thuế quy hoạch thành phố

117

語彙	英語	中国語	ポルトガル語	韓国語	ベトナム語
とっきじこう [特記事項]	Special Notes	对幼儿园特别欲告知情况书写栏	Avisos	특기사항	Ghi chú đặc biệt
とどけでにん [届出人]	Notificant	资料直接提交人	"Todokedenin" : a pessoa que trouxe os documentos para o órgão do governo	신고인	Người khai sinh
とどけでねんがっぴ [届け出年月日]	Notification date	申请日期	Data de notificação	신고 년월일	Ngày khai báo
な ないてい [内定]	Job offer	在正式采用前得到的面试合格结果	Documento pré empregatício	내정	Thư mời làm việc
なまもの	Perishable foodstuff	易腐食品	Alimentos perecíveis	날것, 생것	Đồ tươi sống
に にもつ [荷物]	Package, parcel	行李，包裹	Bagagens, encomendas	화물	Hành lý, bưu kiện
にゅうえんきぼう [入園希望]	First-choice for kindergarten	托儿所入园志愿	Jardim de infância desejado	입학희망	Trường mẫu giáo nguyện vọng 1
にゅうこくねんがっぴ [入国年月日]	Entry date	入境日期	Data de entrada	입국년월일	Ngày tháng năm nhập cảnh
にゅうじ [乳児]	Infant	婴儿	Bebê	유아	Trẻ sơ sinh
にゅうしょ [入所]	Admission	托儿所入园	Admissão	입소	Nhập học
にゅうしょきじゅん [入所基準]	Admission criteria	托儿所入园录取标准	Os critérios de admissão	입소기준	Tiêu chuẩn nhập học
にゅうようじけんしん [乳幼児健診]	Health check for child	婴幼儿健康检查	Exame médico para bebês e crianças	영유아건강진단	Khám sức khỏe cho trẻ em
にんしん [妊娠]	Pregnancy	怀孕	Gravidez	임신	Mang thai
にんしんちゅう [妊娠中]	Pregnant, be expecting a baby	怀孕	Estar grávida	임신중	Đang mang thai
ね ねんきん [年金]	Pension	养老金	Pensão	연금	Lương hưu
ねんきんてちょう [年金手帳]	Pension book	养老金手册	Caderneta de Aposentadoria	연금수첩	Sổ lương hưu
の のう [脳]	Brain	脑	Cérebro	뇌	Não
のうか [農家]	Farmer	农民	Agricultor	농가	Nông dân
のうぜいぎむしゃ [納税義務者]	Taxpayer	纳税义务人	Contribuinte	납세의무자	Người có nghĩa vụ nộp thuế
のど [喉]	Throat	喉	Garganta	목	Họng
は はい [肺]	Lung	肺	Pulmão	폐	Phổi
はいぐうしゃ [配偶者]	Spouse	配偶	Cônjuge	배우자	Người phối ngẫu
はいたつする [配達する]	To deliver	提供发送业务	Entregar	배달하다	Giao hàng
はいふん [ハイフン]	Hyphen	连字符	Hífen	하이픈	Dấu gạch giữa
はいりょ [配慮]	Consideration	特别关照或顾虑。	Consideração	배려	Chú ý
はな [鼻]	Nose	鼻子	Nariz	코	Mũi
はろーわーく [ハローワーク]	Employment security office that introduces jobs to you	日本最有名的职业介绍所	Hello Work	공공직업안정소	Hello Work
はんかく [半角]	Single-byte	半角字体	Modo "hankaku"	반각	Ký tự 1 byte
ひ ひきょじゅうしゃ [非居住者]	Non-resident	非常住居民。不含短暂滞留人员。	Não residentes	비거주자	Người nước ngoài
ひっす [必須]	Mandatory	必须填写	Obrigatório	필수	Bắt buộc
ひっとうしゃ [筆頭者]	Head of family , Head of household	资料填写时第一个人的名字	O chefe da família	호주	Chủ hộ
ひふ [皮膚]	Skin	皮肤	Pele	피부	Da
ひほけんしゃ [被保険者]	Insured persons	被保险人	Segurado	피보험자	Người hưởng bảo hiểm
ひほけんしゃばんごう [被保険者番号]	Insurance number	医疗保险证号号码	Número do segurado	피보험자번호	Mã số người hưởng bảo hiểm
びようし [美容師]	Hairdresser	美发师	Cabeleireiro	미용사	Thợ làm tóc
びょうめい [病名]	Name of diseases	病名	Nome da doença	병명	Tên bệnh
びんるい [ビン類]	Bottles	瓶子类	Garrafas	병류	Chai lọ thủy tinh
ふ ふくはんのう [副反応]	Side reactions	副作用	Efeito colateral	부수적인 반응	Phản ứng phụ
ふくようちゅう [服用中]	Current medications	目前有服用的药物	Medicamentos que está tomando atualmente	복용중	Thuốc đang dùng

語彙	英語	中国語	ポルトガル語	韓国語	ベトナム語
ふどうさんしゅとくぜい［不動産取得税］	Real estate acquisition tax	房地产税	Imposto sobre aquisição de imóveis	부동산취득세	Thuế có được bất động sản
ふとわく［太枠］	Thick-line	粗线框内	Lacuna com borda grossa	굵은 테두리	Khung viền đậm
ふび［不備］	Deficiencies	提交或填写资料不完整	Erro	불비	Chưa đầy đủ
ふよう［扶養］	Dependents	抚养家族成员	Dependentes	부양	Người phụ thuộc
ふりこみこうざ［振込口座］	Transfer account	汇款打入帐号	Conta bancária para depósito	입금계좌	Tài khoản chuyển khoản
ぶんべんじ／しゅっさんじ［分娩時／出産時］	During delivery / childbirth	分娩时	Momento do parto	분만시/출산시	Giờ sinh
へ へいしゃ［弊社］	Our company	弊公司	Nossa empresa	폐사	Công ty chúng tôi
べっきょ［別居］	Separation	分居	Morar separado, em casas diferentes	별거	Sống riêng
へんしんようきってをはったふうとう［返信用切手を貼った封筒］	Self-addressed stamped envelope	需要自己在回信用的信封上提前贴好邮票	Envelope selado para resposta	회신용 우표가 붙어 있는 봉투	Phong bì dán sẵn tem để nhận hồi âm
ほ ほいくしょ・ほいくえん［保育所・保育園］	Nursery and nursery schools	托儿所和幼儿园	Creche e berçário	보육소/보육원	Nhà trẻ
ほいくりょう［保育料］	Childcare charges	保育费	Taxa da creche	보육료	Tiền gửi trẻ
ほうじんしみんぜい［法人市民税］	Corporation municipal tax	法人市民税	Imposto sobre Pessoas Jurídicas	법인시민세	Thuế cư trú dành cho pháp nhân
ほけんしょう［保険証］	Health insurance card	健康保险证	Cartão de Seguro de Saúde	보험증	Thẻ bảo hiểm y tế
ほごしゃ［保護者］	Guardian	监护人	Guardião	보호자	Người bảo hộ
ほしょう［補償］	Compensation	赔偿金	Compensação	보상	Bồi thường
ほんにん［本人］	Self	本人	Pessoa	본인	Bản thân
ほんにんかくにんしょるい［本人確認書類］	ID verification documents	本人身份确认文件或资料	Documento de identificação pessoal	본인확인서류	Giấy tờ xác minh danh tính
ま まいすう［枚数］	Number of bills	张	Quantidade de notas	매수, 장수	Số tờ
まるじるし［丸印］	Circle	打圈处	Círculo	동그라미	Khoanh tròn
み みうち［身内］	Relatives	亲属	Parentes	집안사람들, 일가	Người thân
む むしょく［無職］	Unemployed	失业	Desempregado	무직	Thất nghiệp
め めいぎにん［名義人］	Account holder	账户持有人	Titular da conta	명의인	Chủ tài khoản
めじるし［目印］	landmark	标志	Marca	표시, 표식	Đặc điểm nhận dạng
めんきょ［免許］	License	执照	Licença	면허	Giấy phép
めんせつ［面接］	Job interview	面试	Entrevista de emprego	면접	Phỏng vấn
ゆ ゆうこうきかん［有効期間］	Valid until	有效期	Prazo de validade	유효기간	Thời hạn hiệu lực
よ ようかいごじょうたいくぶん［要介護状態区分］	Nursing care necessity degree division	需看护理状态级别	Classificação do grau de necessidade de assistência médica	요개호상태구분	Phân loại tình trạng căn chăm sóc điều dưỡng
ようかいごど［要介護度］	Degree of nursing care necessity	看护护理必要性级别	Grau de necessidade de cuidados médicos	요개호도	Mức độ cần chăm sóc điều dưỡng
ようじ［幼児］	Toddler	婴幼儿	Criança	유아, 어린 아이	Trẻ nhỏ
ようせい［陽性］	Positive	妊娠检查为阳性	Positivo	양성	Dương tính
ようちえん［幼稚園］	Kindergarten	幼儿园	Jardim de infância	유치원	Mẫu giáo
ようぼう［要望］	Request	向校方提交请求	Pedido	요망	Yêu cầu
よくげつまつ［翌月末］	End of next month	下个月的月底	Final do próximo mês	익월말/다음달 말	Cuối tháng tiếp theo
よぼうせっしゅ［予防接種］	Vaccination	预防疫苗接种注射	Vacinação	예방접종	Tiêm chủng
り りこん・りべつ［離婚・離別］	Divorce, separation	离婚	Divórcio, separação	이혼/이별	Ly hôn
わ わくちん［ワクチン］	Vaccine	疫苗接种	Vacina	백신	Vắc xin

○編集／執筆

岩田一成　聖心女子大学准教授

○執筆（五十音順）

和泉智恵　中国帰国者支援・交流センター 非常勤日本語講師
奥村玲子　こどものひろばヤッチャル副代表
高木祐輔　一橋大学博士後期課程
福本亜希　武蔵野大学 非常勤講師
間瀬尹久　公益財団法人東広島市教育文化振興事業団 多文化共生コーディネーター

○翻訳

英語 高木祐輔 ／ 中国語 劉志偉（埼玉大学）／ ポルトガル語 Julia Toffoli（一橋大学院生）／
韓国語 高恩淑（一橋大学）／ ベトナム語　Le Thu Trang（フリーランス翻訳者）

○協力団体・協力者のみなさま(敬称略)
安芸高田市国際交流協会、アジアと交流する市民の会（東京）、NGOふくやま日本語教室「ともだちひろば」、香川にほんごネット、熊谷市国際交流協会、熊本市国際交流振興事業団、こどものひろばヤッチャル(広島)、こんにちワークSaga（佐賀）、総社市日本語教室、楽しく日本語教室（島根）、多摩市国際交流センター、鳥栖日本語教室モナミクラブ、Toriフレンドネットワーク（鳥取）、日本語教室いまり（佐賀）、日本語サークル「こんにちは！」（東京）、日本語サークル「わ」（神奈川）、にほんごの会くれよん　（東京）、日本語ボランティアサークル「そら」（神奈川）、日本語ボランティアゆうわ（島根）、廿日市市国際交流協会、ひらがなネット株式会社（東京）、東広島市教育文化振興事業団、ひまわり21（広島）、兵庫県国際交流協会、ひろしま日本語教室、フクヤマヤポニカ、町田国際交流センター、横浜市青葉国際交流ラウンジ、横浜市金沢国際交流ラウンジ、横浜市港南国際交流ラウンジ、横浜市港北国際交流ラウンジ、横浜市国際交流協会（YOKE）、横浜市鶴見国際交流ラウンジ、横浜市みなみ市民活動・多文化共生ラウンジ、ＶＥＣ（東京）、有田玲子、有廣清子、定永祐子、中東靖恵、福田規子、道本ゆう子、茂木真理、松井孝浩

にほんご宝箱
日本で生活する外国人のための いろんな書類練習帳

2017年9月26日　　初版　第1刷発行

イラスト	矢島慶子、パント大吉
カバーデザイン	岡崎裕樹
DTP	株式会社 明昌堂
発行人	天谷修平
発行所	株式会社アスク出版
	〒162-8558 東京都新宿区下宮比町2-6
	TEL 03-3267-6864　　FAX 03-3267-6867　　http://www.ask-books.com/
印刷・製本	三省堂印刷株式会社

落丁・乱丁はお取り替えいたします。許可なしに転載、複製することを禁じます。
©2017 Kazunari Iwata　　Printed in Japan　　ISBN978-4-86639-127-4

にほんご宝箱
別冊記入例

生活

1. 書留・特定記録郵便物　…本冊13ページ

書留・特定記録郵便物等差出票

（ご依頼主のご住所・お名前）

東京都渋谷区広尾４－３－１

田村 恵子　様

お届け先のお名前	お問い合わせ番号	申請損害要償額	料金等	摘要
チョ ヒョンス　様				
様				
様				

ご注意　太枠の中のみご記入ください。ただし、特定記録郵便物等については、お届け先のお名前は不要です。

この太い線で囲まれた部分を、太枠といいます

2. ゆうパック・宅配便（たくはいびん）・宅急便（たっきゅうびん）
①ゆうパック　…本冊（ほんさつ）14ページ

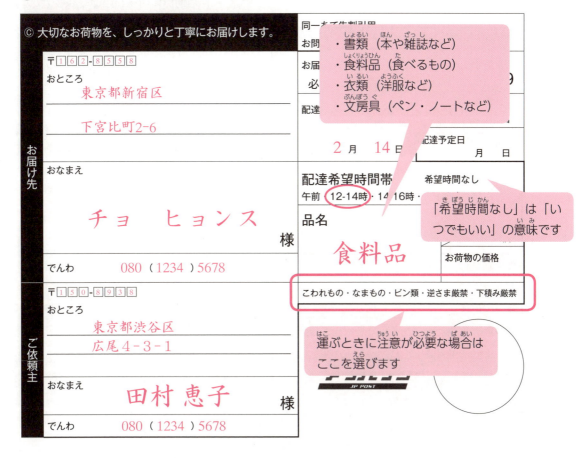

②宅急便・宅配便 …本冊15ページ

何月何日に荷物が届いてほしいですか？

お届け先	
郵便番号	661-245
電話番号	075-123-4567
住所	兵庫県神戸市灘区笹原123
氏名	谷本 順子　様

ご依頼主	
郵便番号	731-3168
電話番号	082-123-4567
住所	広島県広島市中区千田町1-2-3
氏名	田中 亜希　様

ご希望のお届け日

7 月　　21 日

ご希望の方はお届け時間帯に○をしてください。

（午前中）
12時⇒14時
14時⇒16時
16時⇒18時
18時⇒20時
20時⇒21時

何時ごろ荷物が届いてほしいですか？

荷物の中身は何ですか？

品名（ワレモノ・なまもの）

食料品（野菜）

クール	冷凍	冷蔵

荷物の中身を凍らせます→　冷凍に○
冷やします→　冷蔵に○

3．ゆうちょ銀行の口座開設
①総合口座利用申込書　…本冊16ページ

「通常」が一般的です。機能に制限がありません

| 種類 | 通常：1
貯蓄：2 | 送金機能 | 有 ◯ | オートスウィング
基準額 | 千 百 十 万 千 百 十 円
1 0 0 0 0 0 0 0 |

おところ	フリガナ 漢字	郵便番号　1 6 2 - 0 0 5 3　　ご連絡先電話番号（左詰めでご記入ください）　0 9 0 - 1 2 3 4 - 5 6 7 8
		トウキョウトシンジュククシモミヤビチョウ
		東京都新宿区下宮比町2－6

在留カードと同じ名前を書きましょう

おなまえ	フリガナ 漢字	リュウ　キンミ
		劉　勤美

| 生年月日 | 明治：1
大正：2
昭和：3
平成：4 | 元号 3　年 49　月 05　日 17 | キャッシュ
サービス | キャッシュサービスを利用する場合は、全ての欄にご記入ください |

キャッシュサービス	デビット機能	カード種類	暗証番号必須取扱い
通帳・カード：1 カード　　：2 利用しない：9　**1**	利用する　：1 利用しない：9　**9**	Suica付　**0**	申し込む　　：1 申し込まない：9　**9**

1を選ぶとカードや通帳でお金を下ろすことができます

| ボランティア | 国際協力（全般）：1
国際協力（環境）：2
申し込まない　　：9　**2** | 性別 | 男性：1
女性：2　**2** |

利息の一部をボランティア団体に寄付します

5

②非住居者等届書　…本冊17ページ

独立行政法人郵便貯金・簡易生命保険管理機構が管理する郵便貯金については、同機構に届出します。

□区分 該当の項目に○をつけてください	1 非居住者への変更（非居住者） ⟨①に○⟩ 2 非居住者への変更（外国法人） 3 居住者への変更
フリガナ □氏名又は名称	リュウ　キンミ 劉　勤美
□届出をする貯金の記号番号	12345　19000001
□利子の還付先の通常貯金記号番号	12345　19000002

（※次の欄は、個人の場合のみ記入してください）

個人の場合	□国外住所又は居所	（ご連絡先電話番号　090－1234－5678） 東京都新宿区下宮比町2-6
	□国籍	中国
	入国年月日	2014 年　　　　2 月　　　　14 日

□日本国内の恒常的施設所持の状況	あり（ありの場合は名称・所在地を記入してください）　なし
	名称 所在地
□外交特権所持の状況	あり　　　　なし

6

③お取引目的等の確認のお願い　…本冊19ページ

□生計費決済：生活のための費用（買い物、光熱費など）を払います。
□事業費決済：自分で会社などをしている人が、その費用を払います。
□給与受取／年金受取：給料や年金を受け取ります。
□貯蓄／資産運用：貯金やお金を増やすために使います。
□融資：必要なお金を銀行などから借ります。
□外国為替取引：外国のお金を買ったり売ったりします。

お取引の名義人さま	名義人さまのおなまえ	代理人さまのおなまえ 代理人・親権者・その他（　　　　　）
	劉　勤美 　　　　　　　　　様	様

お取引の目的	口座に関するお取引の場合	送金・その他のお取引の場合
	☑生計費決済	□生活費
	□事業費決済	☑商品・サービス代金
	□給与受取／年金受取	□投資／貸付／借入返済
	□貯蓄／資産運用	□株式配当金等の受取
	□融資	□その他（　　　　　　　　）
	□外国為替取引	
	□その他（　　　　　　　）	

名義人さまのご職業	☑会社員／団体職員	□学生
	□会社役員／団体役員	□退職された方／無職の方／未就学児
	□公務員	□個人事業主／自営業
	□パート・アルバイト・派遣社員・契約社員	□弁護士／司法書士／会計士／税理士
	□主婦	□その他（　　　　　　　　）

□生活費：誰かの生活費を送ります。または、誰かから送ってもらいます。
□商品・サービス代金：買い物の支払いのため送金をします。
□投資（お金を増やすために誰かに預けます）／
　貸付（お金を貸します）／借入返済（借りたお金を返します）
□株式配当金等の受取：株を持つことでもらえるお金を通帳に
　送金してもらいます。

7

4. 定期券購入申込書 …本冊21ページ

> Suicaに定期券をくっつけたい人は、「する」を選びます

新規・継続	通勤・通学
	Suica定期券希望　　　する・しない

> 通学で使うときは、学校の名前と最寄駅の名前を書きます

カタカナでご記入ください。

男・女

イワタ アスク　　　　　様　17 才

生年月日	明治・大正・昭和・平成／西暦　2000 年　11 月　5 日
電話番号	090 － 1234 － 5678
学校名	横浜西高校　　　　　　　最寄駅（　　横浜　　駅）
区間	新宿　駅　　　　　横浜　駅間
経由	渋谷
使用開始及び有効期間	平成　2018 年　4 月　1 日から 1・3・6 箇月
支払方法	現金・クレジット

> 区間を移動する方法がいくつかあるときは、自分が途中で通過する駅を書いてください

> 定期券の有効期間は1・3・6か月の3種類です

> どうやって料金を払いますか？

8

5. 履歴書 …本冊22ページ

> 写真の裏に名前を
> 書いてから貼ります

履歴書

2018 年 4 月 17日現在

フリガナ	ワン ジャン ミン	
氏　名	**王　占　民**	囲

アルファベット　wang zhan　min

1974 年 11 月 19 日生（満 39 歳）

性別
男・女

フリガナ	トウキョウトシンジュククシモミヤビチョウ	電話
現住所 〒 162-8558 東京都新宿区下宮比町2-6		090-1234-5678

年	月	学歴・職歴・賞罰
		学歴
19XX	3	（中国）○○中学校卒業
19XX	4	（中国）○○高等学校入学
19XX	3	（中国）○○高等学校卒業
19XX	4	（日本）○○○大学○○学部○○学科入学
19XX	3	（日本）○○○大学○○学部○○学科卒業

写真

> 学歴、職歴を
> 分けて書きます

9

		職歴
19XX	4	株式会社〇〇入社（製造業　従業員30名）
		入社後　製造ラインで働く
20XX	3	一身上の都合により退職
20XX	4	一身上の都合により退職
		株式会社△△入社（出版業　従業員9名）
		現在に至る

会社の業種、従業員数、担当部署を書きます

年	月	免許・資格
20XX	1	日本語能力検定N1合格
20XX	5	普通自動車一種免許取得

今回の求人に関係のあるものだけ書きます

日本語学習の動機

　日本のアニメに興味を持ち、日本語に興味をもちました。高校生の時に選択科目として履履修したのが最初です。学び始めるとどんどんおもしろくなり、日本に留学したいと思うようになりました。広島に来てからも日本語学習を続けて、日本語能力検定N1にも合格しました。

自分の長所（いいところ）をたくさん書きます

自己PR

　日本に留学しているので、日本の文化や習慣をある程度は理解しているつもりです。人とコミュニケーションを取ることが大好きなので、いろいろな人と仲良く付き合う自信があります。大学では国際学部で異文化コミュニケーションを専攻しており、文化が違う人との交流に興味があります。

志望動機、特技など

　貴社では、通訳を募集しているということで、今回応募しました。私は日本語を使った仕事をやりたいとかねてから思っていました。通訳経験はあまりありませんが、アルバイトとして、中国からの来客を対応したことがあります。日本と中国を言葉でつなぐような仕事に大変興味があります。

通勤時間	約　30　分	配偶者	有 ・ ⓧ無
		扶養家族数	0 人

家からこの会社まで何時間かかりますか？

6. 現金両替票 …本冊24ページ

フリガナ	ホッタケイコ	お申込日
おなまえ	堀田 桂子	（ 29 ）年（ 4 ）月（ 17 ）日
		おところ
電話	090-1234-5678	東京都新宿区下宮比町2-6

ご両替金額

千万	百万	十万	万	千	百	十	円
		￥ 1	5	0	0	0	0

壱万＝10,000

新券をご希望の場合は○印をご記入ください↓

金種（円）		ご希望金額内訳						枚数
紙幣	壱万				0	0	0	0	
	五千			1	0	0	0	0	○ 2
	二千					0	0	0	
	千				5	0	0	0	○ 5
硬貨	500						0	0	
	100						0	0	
	50							0	
	10							0	
	5								
	1								

15000円を［5000円札×2枚・1000円札×5枚］にしたいとき

新しいお金に両替したい時には左に○、右には枚数を書きます。

役所（やくしょ）

1．住民票（じゅうみんひょう）の写（うつ）しの請求書（せいきゅうしょ）　…本冊（ほんさつ）29ページ

平成（ **29** ）年（ **8** ）月（ **17** ）日		
窓口に来た人	住所	**広島県広島市安佐南区大塚西6-11** ☎（ **082** ）**254** － **0000**
	フリガナ	**ヤマダ　トゥーリオ**
	氏名	**山田　トゥーリオ** 明・大・㊐昭・平・西暦　**53** 年 **2** 月 **5** 日
	所在地 会社名 代表者名	（法人等の使者のとき） 　　　　　　　　　　　　　　　　　　　印 ☎（　　　）　－
①必要な人との関係		□本人又は同一世帯　　□その他（　　　　）
どなたのが 必要ですか	住所	☑窓口に来た人と同じ
	必要な人の 氏名	☑窓口に来た人と同じ 明・大・昭・平・西暦　　　年　　　月　　　日
	②住民票の写し 　世帯全員・　世帯員の一部 　　　　　　　1 通	
	③次の項目は省略されています。記載が必要な場合は✓を付けてください。 ☑世帯主の氏名及び続柄　　□本籍（日本人住民の住民票の写しのみ） □住民票コード 以下は外国人住民のみ ☑国籍・地域　　□中長期在留者・特別永住者等の区分 □在留カード等の番号 □在留資格・在留期間等・在留期間等満了日	
使用目的は 何ですか	1 免許取得・更新・変更　2 年金申請　3 登記　4 車両登録 5 勤務先へ提出　6 金融機関へ提出 7 その他（　　　　　　　　　　　　　　　　　　　）	

> 自分（じぶん）の写（うつ）しを自分（じぶん）で取（と）りに行（い）くときは、ここをチェックします。他人（たにん）の場合（ばあい）は、住所（じゅうしょ）や生年月日（せいねんがっぴ）を書（か）きます。

> 7を選（えら）ぶ人（ひと）は、空（あ）いているところに目的（もくてき）を書（か）きます

2. 委任状　…本冊31ページ

委任状

代理人	住所	茨城県土浦市荒川沖西1-1-1
	氏名	鈴木ロドリゴ
使用目的		年金を申し込むため
提出先		（株）西つくば商会 (Tel.　123 － 456 －7890)
代理権授与内容		住民票の写しの請求　1通

> ここには、ほしい書類の名前を書きます。

上記の者に代理人として、所定の申請権限を委任したので通知いたします。
また、この内容に不備がある場合またはこの内容を確認するために○○市から求められた書類を提出することができない場合は、交付されないことを承諾します。

　　<u>　　土浦市長　　</u>様　　　　　　平成　29　年　11　月　5　日

住　所　：茨城県土浦市荒川沖西1-1-1
連絡先電話番号：090-1234-5678
氏名（フリガナ）：鈴木エリ（スズキ）
生年月日：　1980　年　4　月　28　日

3. 婚姻届 …本冊35ページ

役所に出す日を書きます

ここは書きません

婚姻届

平成 29 年 4 月 17 日　届出
東広島市長 殿

	受理 平成 年 月 日 第 号	発送 平成 年 月 日
	送付 平成 年 月 日 第 号	長 印

書類 調査	調査票	住民票	住所地 通知	届書送付	府票入力	見出入力	戸 籍	記載	新戸籍 入 力	記載	調査

		夫 に な る 人	妻 に な る 人
（よみかた） **氏名** 生年月日		ちょう　　げんりゅう 氏 **趙** 名 **元龍** 1986年 7 月 18 日	やまもと　　あきこ 氏 **山本** 名 **明子** 1990年 12 月 5 日
住所 住民登録をした所		広島県東広島市八本松町 12 番 3 号 番地 方書 世帯主の氏名	東広島市中央９丁目 123 番地 番 号 方書 世帯主の氏名 山本 武

外国人は
国籍だけ書きます

本籍 外国人は国籍を 書いてください	中国 番地 番 筆頭者の氏名	東広島市中央９丁目 123 番地 番 筆頭者の氏名 山本 武

父母の氏名 父母との続き柄	父 趙 志平 母 陳 春香	続き柄 長男	父 山本 武 母 知恵	続き柄 二女

婚姻後の夫婦の氏 新しい本籍	□夫の氏 ☑妻の氏	新本籍（左の☑の氏の人がすでに戸籍の筆頭者となっているときは書かないでください） 東広島市西条中央 987	番地 番

同居を始めたとき	結婚式をあげたとき、または、同居を始めたときのうち　早いほうを書いてください 2017 年 1 月

初婚・再婚の別	☑初婚 再婚　□死別 □離別 年 月 日	☑初婚 再婚　□死別 □離別 年 月 日

ことばノートB（26ページ）

> ことばノートC（33ページ）

同居を始める前の夫婦のそれぞれの世帯のおもな仕事と夫妻の職業	□夫□妻　1.農業だけまたは農業とその他の仕事を持っている世帯
	□夫□妻　2.自由業・商工業・サービス業などを個人で経営している世帯
	□夫□妻　3.企業，個人商店等（官公庁は除く）の常用勤労者世帯で勤め先の従業者数が1人から99人までの世帯（日々または1年末満の契約の雇用者は5）
	□夫□妻　4.3にあてはまらない常用勤労者世帯及び会社団体の役員の世帯（日々または1年末満の契約の雇用者は5）
	□夫□妻　5.1から4にあてはまらないその他の仕事をしている者のいる世帯
	□夫□妻　6.仕事をしている者のいない世帯

（国勢調査の年の4月1日から翌年3月31日目までに届出をするときだけ書いてください）

夫の職業　　　　　　　　妻の職業

> 国勢調査（国民の人口、年齢、仕事などの調査：5年に1回）の年に婚姻届を出すときだけ書きます。

その他	

届出人署名押印	夫　趙　元龍　㊞　妻　山本　明子　㊞
事件簿番号	

字は略さず丁寧に書いて下さい。

連絡先　電話（　）　番　自宅・勤務先　呼出　　方

> 証人二人に書いてもらいます

	証　　　　　人	
署名押印	田川一郎　㊞	中田めぐみ　㊞
生年月日	1963 年　3 月　4 日	1960 年　10 月　7 日
住所	東広島市高屋町	東広島市志和町
	123 番地番　4 号	6789 番地番　10 号
方書		
本籍		埼玉県草加市八潮町
	同上　番地番	987　番地番

4．離婚届 …本冊37ページ

離 婚 届

平成 **29** 年 **7** 月 **18** 日届出

東広島市 長殿

受理 平成 年 月 日		発送 平成 年 月 日
第 号		長印
送付 平成 年 月 日		
第 号		

書類調査	戸籍記載	記載調査	調査票	附 票	住民票	通 知

（よみかた）	夫 まつもと　　　じろう	妻 まつもと　　　あなりさ
氏 名 生年月日	氏 松本　名 次郎	氏 松本　名 アナリサ
	（昭和） 平成 **45** 年 **9** 月 **15** 日	（昭和） 平成 **55** 年 **5** 月 **1** 日
住 所 住民登録を しているところ	広島県東広島市	広島県東広島市
	西条町 **2** 番 **11** 号　番地	八本松町 **124** 番地 番　　号
	方書	方書
	世帯主 の氏名	世帯主 の氏名
本 籍 外国人のときは 国籍だけを 書いてください	広島県東広島市西条町　　　**111** 番地 **22** 番	
	筆頭者 の氏名 松本次郎	

父母の氏名 父母との続き柄 （他の養父母は その他の欄に 書いてください）	夫の父 松本金次郎	続き柄 二 男	妻の父 フェルナンデス アンドラダ	続き柄 長 女
	母　　　幸		母　マリア	

離婚の種別	☑協議離婚　　　　　　　　□和解　　　　年　　月　　日成立
	□調停　年　月　日成立　　□請求の認諾　　年　　月　　日認諾
	□審判　年　月　日確定　　□判決　　　　　年　　月　　日確定

婚姻前の氏に もどる者の 本籍	□夫　　　　□もとの戸籍にもどる
	□妻　は　　□新しい戸籍をつくる
	番地 番	（よみかた） 筆頭者 の氏名

未成年の子の 氏 名	夫が親権 を行う子	妻が親権 を行う子

同居の期間	昭和 平成　14　年　3　月　から（同居を始めたとき）	平成　27　年　2　月　まで（別居したとき）
別居する前の住所	広島県東広島市西条町	番地 2　番

ことばノートC（33ページ）

別居する前の世帯のおもな仕事と夫妻の職業	1.農業だけまたは農業とその他の仕事を持っている世帯 2.自由業・商工業・サービス業等を個人で経営している世帯 3.企業・個人商店等（官公庁は除く）の常用勤労者世帯で勤め先の従業者数が1人から99人までの世帯（日々または1年未満の契約の雇用者は5）□ 4.3にあてはまらない常用勤労者世帯及び会社団体の役員の世帯（日々または1年未満の契約の雇用者は5）□ 5.1から4にあてはまらないその他の仕事をしている者のいる世帯□ 6.仕事をしている者のいない世帯□
その他	（国勢調査の年…　　　年…の4月1日から翌年3月31日までに届出をするときだけ書いてください） 夫の職業　　　　　　　　　　妻の職業 国勢調査（国民の人口、年齢、仕事などの調査：5年に1回）の年に離婚届を出すときだけ書きます。
届出人署名　押印	夫　松本　次郎 ㊞（本）　　妻　松本 アナリサ ㊞（本）

証人二人に書いてもらいます

証　人		
署名　押印	鈴木 健二 ㊞（鈴木）	立花裕子 ㊞（立花）
生年月日	昭和 平成　49　年　3　月　28　日	昭和 平成　2　年　8　月　17　日
住　所	広島県広島市中区本通	広島県東広島市高屋町
	番地 1　番　20　号 方書	123 番地 番　号 方書
本　籍	同上	同上
	番地 番	番地 番

5．出生届　…本冊39ページ

出　生　届	受理　平成　　年 　　月　　日第　　号		発送　平成　年　月　日	
平成26年12月24日届出	送付　平成　　年 　　月　　日第　　号			長　印
広島市長　殿	書類調査　戸籍記載　記載調査　調査票　付表　住民票　　　　通知			

生まれた子	（よみかた） 子の氏名	さとう　　しゅん 氏　　　　名 **佐藤　　俊**	父母との 続き柄	☑嫡出子　　　　　☑男 □嫡出でない子　　□女		
	生まれたとき	平成 26 年　12 月　16 日　□午前 　　　　　　　　　　　　　　☑午後 0 時 13 分				
	生まれたところ	中野北病院　広島市南区中野		1 番　1 号		
	住　　所 （住民登録をす るところ）	広島市南区中野東　　　　　　　　123 番　　号				
		世帯主の氏名 佐藤ミゲル博　　　世帯主との続柄　長男				

生まれた子の父と母	父母の氏名 生年月日 子が生まれた ときの年齢	父　佐藤ミゲル博		母　佐藤ミチコ	
		1988 年 10 月 29 日（満 28 歳）		1990 年 5 月 18 日（満 26 歳）	
	本籍 外国人の時は 国籍だけ書い てください	ブラジル		番地 番	
		筆頭者の氏名			
	同居を始めたとき	2010 年　　　5 　　月 （結婚式をあげたときまたは、同居を始			
	子が生まれた ときの世帯の おもな仕事と 父母の職業	1．農業だけまたは農業とその他の仕事を持っている世帯□ 2．自由業商工業サービス業等を個人で経営している世帯□ 3．企業・個人商店等（公官庁は除く）の常用勤労者世帯で勤め先の従業員数 　が1人から99人までの世帯（日々または1年末満の契約の雇用者は5）☑ 4．3にあてはまらない常用勤労者世帯及び会社団体の役員の世帯。（日々また 　は1年末満の契約の雇用者は5）□ 5．1から4にあてはまらないその他の仕事をしている者のいる世帯□ 6．仕事をしている者のいない世帯□			
		（国勢調査の年　年…の4月1日から翌年3月31日までに生まれたときだけ書いてください） 父の職業 食パン製造　　　　母の職業 事務職			

国勢調査（国民の人口、年齢、仕事など
の調査：5年に1回）の年に出生届を出
すときだけ書きます。

届出人	①父・母　2．法定代理人　3．同居者　4．医師　5．助産師　6．その他の立ち合い者　7．公設所の長		
	住所　広島市南区中野東　　　　　　　　　123		番地 番
	本籍　ブラジル　　　　　　　番地 　　　　　　　　　　　　　番	筆頭者の氏名	佐藤ミゲル博
	署名　佐藤ミゲル博　　　㊞ 　　　　　　　　　　　佐藤印	1988 年　10 月　29 日生	

18

6．脱退一時金請求書　…本冊43ページ

脱退一時金請求書（国民年金/厚生年金）

1．記入日	2．請求者本人の署名（サイン）
2018年 1 月 7 日	山田ロドリゴ

3.請求者氏名、生年月日および住所

氏　　名	山田ロドリゴ					
生年月日	1985	年	2	月	18	日
離日後の住所	AV. DIAGONAL 160, MIRAFLORES - LIMA					
					国 ペルー	

4.脱退一時金振込先口座

ことばノートD（40ページ）

支払機関	コード		支店コード		預金種別	1
銀　行　名	FACE銀行					
支　店　名	飯田橋支店					
支店の所在地	東京都新宿区下宮比町２－６					
口　座　番　号	123457				銀行の口座証明印	
請求者本人の口座名義	English　Yamada Rodrigo				FACE 銀行	
	カタカナ（日本国内の金融機関を指定した際のみ記載）　ヤマダロドリゴ					

銀行が押します

5. 年金手帳の記載事項

基礎年金番号	9	8	7	6	－	5	4	3	2	1	0
各制度の記号番号	0	1	2	3	－	4	5	6	7	8	9

7．納税証明交付請求書　…本冊45ページ

証 明 交 付 請 求 書

様

平成 29 年 8 月 17 日

請求者	住所（所在地）	京都府綾部市若竹町8－1	
	氏名（名　称）	TEL （ 090 ） 1234 － 5678 ディアナ　ルーク	法人のみ代表者印
納税義務者	住所（所在地）	同上	
	ふりがな 氏名（名　称）	同上	生年月日 明・大・昭・㊜ 2 年11月 5 日

請求内容

ことばノートD（41ページ）

税　　目	年　　度	部　数	1件あたりの手数料
市県民税	平成 26 年度	1 通	200円
法人市民税	平成　　年度	通	200円
固定資産税・都市計画税	平成　　年度	通	200円
軽自動車税	平成　　年度	通	200円
軽自動車税（継続検査用）	車両番号	通	無料
国民健康保険税	平成　　年度	通	200円

上記のとおり請求します。

※　太枠内のみ記入してください。

※　請求者の本人確認をしています。本人確認書類（運転免許証・保険証等）を提示してください。

※　請求者が法人の場合は、「法人名及び代表者氏名」を記入の上、**代表者印**を押してください。

※　郵送で請求の場合、請求書と返信用切手（速達希望の場合は速達分）を貼った封筒を同封のうえ、本人確認書類の写しを添付し、下記宛先に請求をお願いします。

※　請求者が代理人の場合は、委任状が必要です。

8. 介護保険申請書　…本冊48ページ

介護保険（要介護・要支援認定 / 要介護更新認定・要支援更新認定）申請書

　　　　　　　　　　　　　　　　　様
次のとおり申請します。

被保険者	被保険者番号	0123456789	申請年月日	平成 28年 8月 1日
	フリガナ 氏　名	スズキ　マリオ 鈴木マリオ	生年月日 性別	明・大・㊲ 10年 2月 8日 ㊚ ・ 女
	住　所	〒430-0805　電話番号（053）461-9999 静岡県浜松市中区相生町123		
	現在の要介護 状態区分等	要介護状態区分　1 ② 3 4 5　　要支援状態区分　1 2 有効期間　平成 28年 3月 1日　から　平成 28年 8月 31日　まで		
	変更申請の理由			
	過去6月間の 介護保険施設・医 療機関等入院 入所の有無 ㊲ ・ 無	介護保険施設の名称等・所在地 ひまわり特別養護老人ホーム	期間	28年 4月 1日 28年 7月 1日
		介護保険施設の名称等・所在地	期間	年 月 日 年 月 日
			期間	年 月 日 年 月 日
			期間	年 月 日 年 月 日
提出代理人	氏　名	鈴木花子　　　該当に○（㊹ 民生委員）本人との続柄 妻		
	住　所	〒430-0805　電話番号（053）461-9999 静岡県浜松市中区相生町123		
提出代行者	名　称	該当に○（地域包括支援センター・指定居宅介護支援事業者・指定介護老人福祉施設・介護老人保健施設・介護療養型医療施設）		
	住　所	〒　-　　　　電話番号（　）　-		
主治医	主治医の氏名	川口明　　医療機関名 川口内科医院		
	所在地	〒430-0805　電話番号（053）461-1111 静岡県浜松市中区相生町456		

2号被保険者（40歳から64歳までの医療保険加入者）のみ記入　　※医療保険証の写しを添付してください。
医療保険者名　　　　　　　　　　　医療保険被保険者証記号番号
特定疾病名

介護サービス計画又は介護予防サービス計画を作成するために必要があるときは、要介護認定・要支援認定にかかる調査内容、介護認定審査会による判定結果、意見、及び主治医意見書を地域包括支援センター、居宅介護支援事業者、居宅サービス事業者、介護保険施設の関係人、主治医意見書を記載した医師又は認定調査に従事した調査員に提示することに同意します。　また、保険給付の制限等のために必要があるときは、その内容を地域包括支援センター、居宅介護支援事業者、居宅サービス事業者、介護保険施設の関係人に提示することに同意します。

　　　　　　　　　　　　　　　　　　　　本人氏名　　鈴木マリオ

病院

1. 歯科 …本冊53ページ

フリガナ　タナカ　カズヤ
氏名　　**田中　和也**

郵便番号（　　243　－　0007　　）

住所　神奈川県厚木市厚木123　　　　Tel　090-1234-5678

1　どうなさいましたか
　　☑歯が痛む　（虫歯・義歯）　□検査をしてほしい　□歯の清掃をしてほしい
　　□その他（　　　　　　　　　　　）

2　どこが痛みますか
　　□右上　　□上前　　☑左上　　□右下　　□下前　　□左下
　　□その他（　　　　　　　　　　　　　）　　□痛みはない

3　痛み方はどうですか
　　□普段でもズキズキ痛い　　□熱いものがしみる　　☑痛んだり止んだり
　　□冷たいものがしみる　　□歯を合わせると痛い

4　歯を抜いたことは　　　　□ない　　☑ある

ことばノートG（67ページ）

5　「ある」と答えた方のみ
　　☑異常はなかった　□血がとまらなかった　□気分が悪くなった　□熱が出た
　　□貧血を起こした　□何日も痛んだ　□その他（　　　　　　　　　）

6　薬や注射でアレルギーは　　☑ない　　□ある（　　　　　　　　　　　）

> ことばノートE（51ページ）

7　内科的な病気はありますか
　　☑ない　　□心臓の病気　　□高血圧　　□低血圧　　□腎臓の病気　　□肝炎
　　□糖尿病　□その他（　　　　　　　　　　　　　　　　）

8　服用中の薬はありますか　　　☑ない　　□ある（　　　　　　　　　　　　　　　）

9　お口のお手入れについての質問です
　　・歯磨きをするときは　　　☑起床後　　□食後（朝・昼・夕）　　☑就寝前
　　・1回の時間は　　　　　　（　　3　　）分くらい

10　喫煙習慣　　　　　　　　　☑なし　　　□あり　　　　□過去にあり

11　睡眠時間　　　　　　　　約（　　5　　）時間

12　食生活習慣についての質問です
　　・習慣的飲料物　　　　　□なし　　　☑あり（　コーヒー　）
　　・間食の取り方　　　　　☑不規則　　□規則正しい　　□あまりしない

13　診療についてのご希望は
　　□費用がかかっても最高の治療をしてほしい
　　☑全て保険で治したい（保険でできないものはしなくてもよい）

14　当院をどのようにして知りましたか
　　□ホームページ　　☑看板　　□タウンページ　　□知人の紹介
　　□その他（　　　　　　　　　　　　　　）

おつかれさまでした。ご協力ありがとうございます。

2．産婦人科 …本冊56ページ

・お名前（ 田中スカンヤー ）

・生年月日 （ Ｓ・Ｈ・西暦 1988 年 1 月 1 日（ 29 才））

・ご住所〒980-8671
宮城県仙台市青葉区国分町３丁目７－１

・電話番号 （ 080 － 1234 － 5678 ）

・身長（ 160 ）cm 体重（ 55 ）kg

①本日のご相談内容は何ですか。当てはまる箇所に○をつけて、必要事項を記入してください。

・妊娠の診察
市販の検査は行いましたか？（はい ・ いいえ）→「はい」の方：（陽性・陰性）

・月経不順 ・月経量が（多い・少ない） ・月経が止まった ・月経痛がひどい

・不妊相談 今までに治療したことが（ある・ない）

・おりものが気になる ・痛いところがある

・子宮がん検診 ・セカンドオピニオン

・その他（ ）

②月経とこれまでの妊娠歴についてお書きください。

・月経歴 初経（ 13 才） 閉経（ 才）

・最後の（最近の）月経
（ 4 ）月（ 10 ）日～（ 4 ）月（ 17 ）日まで

・月経周期 （ 26 ）日～（ 28 ）日周期（順 ・ 不順）

・月経量 （多い・普通・少ない）

・月経時に具合が悪くなりますか。 （はい ・ いいえ）

→「はい」の方：薬を飲みますか （はい 薬の名前 ＿＿＿＿＿＿ ・いいえ）

・今まで妊娠したことがありますか。　（はい　いいえ）
　　→「はい」の方：下の表に記入してください。

	年齢	妊娠期間	出生体重	性別	分娩方式	出産された病院名
1	26才	10カ月	2860	男・女	普通・吸引・帝王切開	山田産婦人科
2	才			男・女	普通・吸引・帝王切開	

・今まで流産したことがありますか。（はい・いいえ）
　　→「はい」の方：自然流産 ＿＿＿＿ 回　　　中絶 ＿＿＿＿ 回

③子宮がん検診についてお書きください。
　　・子宮がん検診を受けていますか。（はい・いいえ）
　　　→「はい」の方：いつ受けましたか。（　2016　）年（　1　）月
　　結果は　（異常なし　・　異常あり）

④あなた自身についてお書きください。
　　・今まで病気をしたことがありますか。（はい・いいえ）
　　　→「はい」の方：
　　・現在、通院している病院や飲んでいる薬がありますか。（はい・いいえ）
　　　→「はい」の方：
　　・薬・食品やその他のアレルギーがありますか。（はい・いい）
　　　→「はい」の方：花粉症　・アトピー　・食物（

> 食物アレルギー
> →ことばノートJ
> （92ページ）

　　・薬（　　　　　　　　　　　　　）・その他（
　　・たばこは吸いますか。（はい　一日 ＿＿＿＿ 本　　いいえ）
　　・飲酒はしますか。　　（はい　週 ＿＿＿＿ 日　　いいえ）
　　・結婚していますか。　（既婚　・　未婚　・　同棲中）

> 「既婚」＝「はい」
> 「未婚」＝「いいえ」
> 「同棲中」＝「結婚していませんが、一緒に生活しています」

　　　→「既婚」の方：結婚 ＿25＿ 才（　4　）年（
　　　御主人について：年齢 ＿35＿ 才，ご職業 エンジニア ＿＿＿＿＿＿，
　　　体格（身長 ＿175＿ cm，体重 ＿65＿ kg）

⑤身内の中に以下の病気の方はいますか。（はい・いいえ）

> ことばノートE（51ページ）

・高血圧（どなた：　父　　　）	・糖尿病（どなた：　　　　　　）
・癌　　（どなた：　　　　　　）	・心臓病（どなた：　　　　　　）

⑥その他、気になることがあれば、お書きください。

　こちらの病院で出産できますか。

> 診察（健診）だけの病院もありますので、確認したほうがいいでしょう。

25

3．喉：耳鼻咽喉科 　…本冊58ページ

フリガナ
　　　ヨコヤマティワラット

氏名　**横山ティワラット**　　大・**昭**・平　51 年 1 月 11 日 生（ 38 才）

　　　　　　　　　　　　　　　体重（15才以下の方）＿＿＿ kg

> 子どもはよく聞かれます。
> 覚えておきましょう

住所　　〒 920-8577
　　　　石川県金沢市広坂１丁目１番１号

自宅TEL　076-220-2111

携帯TEL　080-1234-5678

1）　今日はどのような症状で来られましたか。下記に丸印をつけてください。
　　　その症状はいつからですか。（　　　　　　　　　　　　　　　　　）

> 喉に痛みがある　　　　　声がかすれる
> せきが出る　　　　　　　痰がからむ
> つまった感じがする　　　いびきがひどい
> その他（　　　　　　　　　　　　　　　）

> ことばノートG（66ページ）

2）　風邪薬などで眠くなりますか。
　　　□はい
　　　☑いいえ

3）　現在、治療中のご病気はありますか。
　　　☑はい
　　　　　→病名（　　　高血圧　　　　　　　）
　　　□いいえ

4) 現在、薬を飲んでいますか。

□はい

　　　→薬の名前（　　　　　　　　　　　　　　　　　　　　　）

☑いいえ

薬の名前をメモしておいたほうがいいです。それを持って病院へ行きましょう。薬を持って行ってもいいです

5) 今まで、次の病気をされたことがありますか。

☑はい

→高血圧　糖尿病　脳梗塞　喘息　心臓病　アトピー
じんましん　緑内障　その他（　　　　　　　　　　　　）

□いいえ

ことばノートE（51ページ）

6) 薬や注射、食品に対してのアレルギーがありますか。

□はい

　　　→薬は何ですか。（　　　　　　　　　　　　　　　　　）

　　　→注射は何ですか。（　　　　　　　　　　　　　　　　）

　　　→食品は何ですか。（　　　　　　　　　　　　　　　　）

☑いいえ

7) たばこは吸われますか。

☑はい

□いいえ

8) お酒は飲まれますか。

□はい

☑いいえ

9) 女性の方にお伺いいたします。

・現在、妊娠の可能性がありますか。

□はい　　　→妊娠（　　　　　　　　）ヶ月

□いいえ

・現在、授乳中ですか。

□はい

□いいえ

子どもがいる女の人に質問です。今、赤ちゃんがお母さんのおっぱいを飲んでいますか

27

4．耳：耳鼻咽喉科 …本冊60ページ

フリガナ
　　　　ヨコヤマティワラット

氏名　横山ティワラット　　大・⑤・平　51 年 1 月 11 日　生（ 38 才）

体重（15才以下の方）＿＿＿ kg

> 子どもはよく聞かれます。
> 覚えておきましょう

住所　　〒 920-8577
　　　　石川県金沢市広坂１丁目１番１号

自宅TEL　076-220-2111

携帯TEL　080-1234-5678

1）　今日はどのような症状で来られましたか。下記に丸印をつけてください。
　　　その症状はいつからですか。（　　昨日の夜10時ごろから　　）

　　　耳：聞こえにくい（左・右）　　　痛みがある（左・右）
　　　みみだれが出る（左・右）　　　耳鳴りがする（左・右）
　　　かゆみがある（左・右）　　　耳垢がつまっている（左・右）
　　　つまった感じがする（左・右）　その他（　　　　　　　　　　）

> みみだれ：耳から出る分泌物（水のようなもの）
> 耳鳴り：ずっと音が聴こえる
> 耳垢：耳かす、耳くそ

2）　風邪薬などで眠くなりますか。
　　　☑はい
　　　□いいえ

3）　現在、治療中のご病気はありますか。
　　　☑はい

　　　　　→病名（　　　高血圧　　　　）
　　　□いいえ

4) 現在、薬を飲んでいますか。

□はい

→薬の名前　（　　　　　　　　　　　　　　　　　　　）

□いいえ

薬の名前をメモしておいたほうがいいです。それを持って病院へ行きましょう。薬を持って行ってもいいです

5) 今まで、次の病気をされたことがありますか。

□はい

→高血圧　　糖尿病　　脳梗塞　　喘息　心臓病　　アトピー
じんましん　　緑内障　　その他（　　　　　　　　　　　　）

□いいえ

ことばノートE（51ページ）

6) 薬や注射、食品に対してのアレルギーがありますか。

□はい

→薬は何ですか。（　　　　　　　　　　　　　　　）

→注射は何ですか。（　　　　　　　　　　　　　）

→食品は何ですか。（　　　　　　　　　　　　　）

☑いいえ

7) たばこは吸われますか。

☑はい

□いいえ

8) お酒は飲まれますか。

□はい

☑いいえ

9) 女性の方にお伺いいたします。

・現在、妊娠の可能性がありますか。

□はい　　　　→妊娠（　　　　　　　　）ヶ月

□いいえ

・現在、授乳中ですか。

□はい

□いいえ

子どもがいる女の人に質問です。今、赤ちゃんがお母さんのおっぱいを飲んでいますか

29

5．鼻：耳鼻咽喉科　…本冊62ページ

フリガナ

ヨコヤマティワラット

氏名　**横山ティワラット**　　大・**昭**・平　**51**年　**1**月　**11**日　生（　**38**　才）

体重（15才以下の方）＿＿＿＿kg

> 子どもはよく聞かれます。
> 覚えておきましょう

住所　　〒 **920-8577**

　　　　石川県金沢市広坂１丁目１番１号

自宅TEL　**076-220-2111**

携帯TEL　**080-1234-5678**

1）　今日はどのような症状で来られましたか。下記に丸印をつけてください。
　　　その症状はいつからですか。（　　　　**１週間前から**　　　　　　　　　　）

　　　鼻：**鼻水が出る**　　　鼻がつまる　　　　　　**くしゃみがひどい**
　　　　　鼻血が出る　　　鼻汁が喉へ流れる　　匂いがわかりにくい
　　　　　その他（　　　　　　　　　　　　　　　　　　　）

> 鼻水（鼻汁）：鼻の中にある液体（水）
> くしゃみ：ことばノートG（66ページ）

2）　風邪薬などで眠くなりますか。
　　　□はい
　　　☑いいえ

3）　現在、治療中のご病気はありますか。
　　　☑はい
　　　　　　　→病名（　　　　**高血圧**　　　　　　　）
　　　□いいえ

4) 現在、薬を飲んでいますか。

☑はい

→薬の名前 （　　　　　　　　　　　　　　　）

高血圧のくすり。
名前はわすれました。

□いいえ

> 薬の名前をメモしておいたほうがいいです。それを持って病院へ行きましょう。薬を持って行ってもいいです

5) 今まで、次の病気をされたことがありますか。

☑はい

→高血圧　　糖尿病　　脳梗塞　　喘息　　心臓病　　アトピー
じんましん　　緑内障　　その他（　　　　　　　　　　　）

□いいえ

> ことばノートE（51ページ）

6) 薬や注射、食品に対してのアレルギーがありますか。

□はい

→薬は何ですか。（　　　　　　　　　　　　　　　）

→注射は何ですか。（　　　　　　　　　　　　　　）

→食品は何ですか。（　　　　　　　　　　　　　　）

☑いいえ

7) たばこは吸われますか。

☑はい

□いいえ

8) お酒は飲まれますか。

□はい

☑いいえ

9) 女性の方にお伺いいたします。

・現在、妊娠の可能性がありますか。

□はい　　　　→妊娠（　　　　　　　　）ヶ月

□いいえ

・現在、授乳中ですか。

□はい

□いいえ

> 子どもがいる女の人に質問です。今、赤ちゃんがお母さんのおっぱいを飲んでいますか

31

6. 整形外科 …本冊64ページ

シメイ 氏名	タカハシ　チカコ 高橋　ちかこ	体重	47 kg	性別 男　㊛
		身長	159 cm	
生年月日	1974年4月28日			

1. どこに症状がありますか。○をつけてください。

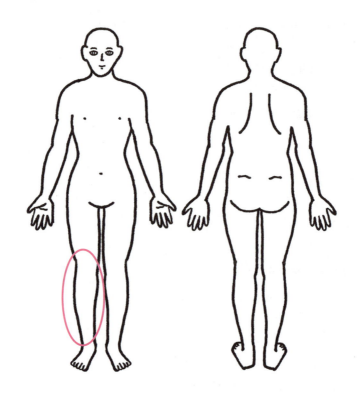

2. いつ頃からどのような症状でお困りですか。

　　・いつ頃 2017 年 12 月　10 日から　　症状 (右足が痛くて歩けない)

　　・原因を○で囲んでください。

　　　交通事故　　スポーツ外傷　　仕事中の事故　　特に原因なし

　　　その他 (いすから立ちあがったとき　　　　　　　　　　　)

3. この症状で現在あるいは過去に治療を受けていますか。(はい・いいえ)

　　「はい」の方　　　病名 (　　　　　　　　　　　　　)

　　　　　　　　　　　病院・医院名 (　　　　　　　　　　　　　)

　　また、その治療でどのような変化がありましたか。

　　　　　　　　(よくなった・悪くなった・変わらない)

4. 今までにかかった病気を○で囲んでください。

リウマチ	肝臓病	痛風	心臓病	腎臓病
糖尿病	胃潰瘍	喘息	その他 (　　　　　　　)	

ことばノートE (51ページ)

5. 現在、他の病にかかっていますか。(はい・いいえ)

　　「はい」の方　　　病名 (　　　　　　　　　　)

6. 現在、何か薬を飲んでいますか。(はい・いいえ)

　　「はい」の方　　　薬の名前 (　　　　　　　　　)

7. 今までに薬や食べ物でアレルギーを起こしたことがありますか。(はい・いいえ)

　　「はい」の方　　　薬・食べ物の名前 (　　　　　　　　　　)

7. 内科 …本冊69ページ

フリガナ ササキ

氏名 __佐々木トム__ 大・⦿昭⦿・平 61 年 2 月 13 日 生 (30 才)

住所 〒 690-0846

島根県松江市末次町８６

自宅TEL 0852-55-1234

携帯TEL 090-1234-5678

＊小学生以下の方は体重を記入してください （　　　　　　kg）

1. どうなさいましたか？
・⦿体調が悪い⦿（ おなかが痛い　もどした ）
　→いつからですか？ ⦿昨日⦿ 2日前・3日前・1週間前・それより前 （　　　）
・健康診断　　・予防接種の希望　　・その他 （　　　　　　）

2. 今までにかかった、または現在治療中の病気はありますか？ ⦿ある⦿・ない
　→高血圧・⦿高脂血症⦿・糖尿病・痛風・狭心症/心筋梗塞・脳卒中
　その他 （　　　　　　　　　　　　　　　　）
　→治療されていますか？している・⦿していない⦿

> ことばノートE（51ページ）

3. 現在飲まれているお薬や市販薬、サプリメントなどはありますか？ ある・⦿ない⦿
　→ 薬の名前 （　　　　　　　　　　　）
　　＊お薬手帳・薬剤情報提供書などをお持ちの方はお見せください。

4. お薬や食べ物などでアレルギーが出たことはありますか？ ⦿ある⦿・ない
　どのようなものですか？ ⦿食べ物⦿・薬 （　 ぎゅうにゅう 　）

5. （女性の方のみ）現在、妊娠中もしくは授乳中ですか？
　　　　　　　　　　　　　妊娠中・妊娠中・どちらでもない

6. 当クリニックをお知りになったきっかけは何ですか？（複数回答でも構いません。）
　看板・⦿ホームページ⦿/知人の紹介/他の医療機関からの紹介/
　その他 （　　　　　　　　　　　　　）

34

8．インフルエンザ予防接種予診票　…本冊70ページ

診察前の体温 （ 36 ）度 （ 5 ）分
住所 新潟県新潟市中央区学校町通1番町1　TEL （ 025 ） 228 −1111
（フリガナ）　　　　マツモトサユリ
受ける人の氏名　松本さゆり　　　　　　　　　　男・⬤女
生年月日　明治　大正　昭和　㊤平成　2 年 12 月 16 日生 （ 28 歳 3 ヶ月）
保護者の氏名

1. 今日受けるインフルエンザ予防接種は今シーズン1回目ですか。
　　　　　　　　　　　　　いいえ （ 　　　回目） ⟨はい⟩

2. 今日、体に具合がわるいところがありますか。
　　　　　　　　　　⟨ある⟩（具体的に） 少し下痢をしている 　　　ない

3. 現在、何かの病気で医者にかかっていますか。
　　　　　　　　　　はい （病名） ＿＿＿＿＿＿＿＿＿ ⟨いいえ⟩

4. 薬をのんでいますか。
　　　　　　　　　⟨いる⟩（薬の名前） ビオフェルミン 　　　いない

5. 最近1ヶ月以内に病気にかかりましたか。
　　　　　　　　　　はい （病名） ＿＿＿＿＿＿＿＿＿ ⟨いいえ⟩

6. 今までに特別な病気（心臓血管系・腎臓・肝臓・血液疾患、免疫不全症、その他の
　病気）にかかり医師の診察を受けていますか。
　　　　　　　　　　いる （病名） ＿＿＿＿＿＿＿＿＿ ⟨いいえ⟩

7. 近親者に先天性免疫不全と診断された方がいますか。　　　はい ⟨いいえ⟩

ことばノートE （51ページ）

8. 今までにけいれん（ひきつけ）をおこしたことがありますか。

ある（　　　回ぐらい／最後は　　　年　　　月ごろ）　（ない）

とりにく、たまご

9. 薬や食品（鶏肉、鶏卵など）で皮膚に発しんや蕁麻疹がでたり、体の具合が悪くなったことがありますか。

（ある）（薬または食品の名前）＿＿とりにく＿＿＿　　ない

10. これまで間質性肺炎や気管支喘息等の呼吸器系疾患と診断され、現在、治療中ですか。　　　はい（　　　年　　　月ごろ／現在治療中・治療していない）　（いいえ）

11. これまでに予防接種を受けて特に具合が悪くなったことがありますか。

ある（予防接種名・症状：　　　　　　　）　（ない）

12. 1ヶ月以内に家族や周囲で麻しん、風しん、水痘、おたふくかぜなどにかかった方がいますか。　　　ある（病名　　　　　　　　　　）　（ない）

13. 1ヶ月以内に何かの予防接種を受けましたか。

はい（予防接種名：　　　　　　　）　（いいえ）

14. （接種を受けられる方がお子さんの場合）分娩時、出生時、乳幼児健診などで異常がありましたか。　　　ある（具体的に）　ない

15. 医師の診察・説明を受け、予防接種の効果や副反応などについて理解した上で、接種を希望しますか。

（希望します・希望しません）

保護者の署名（もしくは本人の署名）

松本さゆり

9. 小児科 …本冊75ページ

ふりがな（ まつもと　まこと ）
お子様のお名前（ 松本　真 ）
お子様の愛称は何ですか（ まこちゃん ）
年齢（ 3 歳 1 ヶ月 ）　　　　　生まれた時の体重（ 3100 g）
幼稚園・保育園・学校名（ 中央保育園 ）

1）　本日はどのようなことが心配で来院されましたか。
　　　(発熱)（ 38.1 ℃） 発疹 (せき) (鼻水) 腹痛 吐き気 下痢
　　　ぜんそく 頭痛 その他（ ）

2）　現在、他の病院で治療中、もしくは定期診察中ですか。
　　　□はい 病名（ ）病院名（ ）
　　　☑いいえ

3）　今まで入院したことがありますか。
　　　□はい 病名（ ）病院名（ ）
　　　☑いいえ

4）　今までかかった病気がありますか。
　　　おたふくかぜ (突発性発疹) ぜんそく はしか（麻疹）
　　　水ぼうそう（水痘） 風疹 百日咳 ひきつけ
　　　その他（ ）

> 母子手帳をみましょう。

5）　ワクチンが済んでいるものはどれですか。
　　　(BCG) (ヒブ) (肺炎球菌) 日本脳炎 水ぼうそう おたふくかぜ
　　　(四種混合) 三種混合 ポリオ (MR)（麻しん・風しん） 麻しん 風しん
　　　ロタ (その他)（ インフルエンザ ）

6）　食べ物やお薬でアレルギー（じんましん）が出たことがありますか。
　　　☑ある 何を食べて出ましたか。（ たまご ）
　　　　　　 どんな薬で出ましたか。（ ）
　　　□ない

7）　お薬は何が飲めますか。
　　　(水薬（シロップ)) (粉薬) 錠剤 カプセル

こども1

1. 保育所入所申込書　…本冊82ページ

保育所入所申込書
保育所への入所につき次のとおり申込みます（前年度課税　　有　無 ）
保育料算定のため、税関係の調査を私の世帯に対して実施することに同意します

　　　　　　　　　　　　　　　　　　　　　　　　　　　　　印

南広島市長殿

| | 申込年月日 | 平成 25 年 1 月 7 日 | 市役所記入欄 |

| 保護者 | 住　所 | 〒739-0001 南広島市西条東本町 1-1-1 | 電話 | 082-333-333 |
| | 氏　名 | 田中光太郎 ㊞ | 緊急連絡先 | 090-6666-6666 |

携帯電話の番号

| （ふりがな） 入所児童名 | たなか　ぐえん　　りな 田中・グエン・リナ | 生年月日 平成 24 年 10 月 25 日 | 男・女 |

保育の実施を希望する期間

平成 26 年 4 月 1 日～平成 27 年 3 月 31 日

入所希望の保育所名	第1希望 （希望理由）	南広島保育所 自宅が近く、兄が在籍しているため
	第2希望 （希望理由）	北西条保育所 母の通勤途中にあるため
	第3希望 （希望理由）	東町保育所 延長保育を実施しているため

兄弟姉妹同時申し込みの場合

該当する番号を○で囲んでください
1. 必ず同じ保育所でないと入所しない
②. 審査の結果、別々の保育所になっても入所する
3. 審査の結果、どちらか一方しか入所できない場合でも入所する

保育を必要とする理由	入所基準番号　下の入所基準＊を読んで該当する番号を（　　）内に記入してください
	母　（２，５）農業を営んでいるため
	父　（　１　）勤務時間が8：15〜17：15であるため
	祖父（　２　）自営業のため（別居）

＊入所基準
1.家庭外労働　2.家庭内労働　3.保護者の疾病　4.母親の出産等（病気、負傷含む）
5.病人の看護、介護等　6.家庭の災害　7.その他
→「現在の保育状況」（ページ下）欄に理由を詳しく具体的に書いてください

	氏　　　名	続　柄	生年月日	性別	備　考（TEL等）
入所児童の家庭の状況	田中光太郎	父		男	082-3333-3333
	田中・グエン・リサ	母		女	090-2222-2222
	トイ・グエン・モイ	祖父		男	ベトナム在住
	トイ・グエン・ヤナ	祖母		女	ベトナム在住
	田中太郎	祖父		男	
	田中・グエン・リリ	姉		女	
	田中ユウタ	兄		男	

「現在の保育状況」

例1「父及び母が就労しているため、現在、母親の母国（ベトナム）から児童の祖父母が来日し、家庭での保育を行っている。祖父母は、滞在ビザが平成26年4月で切れるため帰国する。父方の祖父は食堂を経営しているため、児童の保育をすることはできない。祖母はすでに他界した。よって平成25年4月以降、家庭で田中・グエン・リナを保育するのは不可能になる」

例2「母親が留学生として来日。毎日授業と実験がある。父親は留学生の家族として来日し、生活費を稼ぐためにパートタイム労働をしている。日本語習得のために地域の日本語教室にも通っている。現在は父母が何とか交代で子どもの面倒を見ているが、今後母親が修士論文を執筆するため、日中家にいる時間を確保することは難しくなる。よって家で両親交代での保育は不可能となる」

2. 保育所用求職活動申立書　…本冊85ページ

求職活動申立書

求職者：父・㊤・祖父・祖母
（フリガナ）　タナカ　グエン　リナ
児童氏名：　田中・グエン・リナ
園名：　南広島保育所

下記の内容で求職活動（している・する）ことを申し立てます。

　　　平成 26 年 5 月 25 日
　　　住　所　〒739-0001
　　　　　　　南広島市西条東本町1-1-1

（フリガナ）　タナカ　グエン　リサ
申立者　氏　名　田中・グエン・リサ　　㊞

求　職　内　容

現在の就労状況	無・常勤・㊤ート（週20時間）
現在の保育状況	祖父母（別居）が祖父母過程で保育しているが、高齢で困難な状況
希望勤務形態（○で囲む）	㊤勤 臨時・パート・派遣・その他（　　　）
就労時間	㊤前・午後 9 時 00 分～午前・㊤後 5 時 00 分
就労日数	1ヵ月あたり約 25 日
求職の状況 ア～カのどれかに○をつけてください	ア　勤務先が内定している 　　（会社名　　　　　　　連絡先　　　　　　） ㊤　会社の面接に既に行った　ウ　会社の面接にこれから行く エ　現在、ハローワークに行っている 　　（ハローワーク名　　　　　　　　） オ　これからハローワークに行く 　　（ハローワーク名　　　　　　　　） カ　その他（　　　　　　　　　　　　）
求職状況の内容	イ、ウの場合：連絡を取った会社名、連絡先などを書いてください （株）南広島建設（089-111-1111）：就職不可 （株）中町鉄工所（089-222-2222）：平成26年5月10日に面接 カの場合：内容を具体的に書いてください　2週間の連絡待ち

「はい」→ハンコを押します

勤務先が決まり次第、所定の在職証明書を提出します

3．幼稚園入園願　…本冊86ページ

○○幼稚園入 園 願　　　　　　　　　　　　　　　平成 29 年 5 月 25 日

入園希望の幼稚園名 新宿 区立（　　新宿アスク　　）幼稚園　に入園を希望します

幼 児	（ふりがな）さとうあいこ		性 別	生年月日
	名前　　佐藤愛子　　保護者との続柄（　長女　）		男・⦿女	平成 27 年 4 月 15 日
				長男、長女、二男、二女など
	現住所　　〒 162 - 8558 東京都新宿区下宮比2－6			
	特記事項（アレルギーなど特に伝えておきたいことを書いてください）ピーナッツアレルギーがあります。			

保 護 者	（ふりがな）さとうかるろす	電話番号	（自宅）03-1111-1234
	名前　　佐藤カルロス ㊞佐藤		（携帯電話）090-1234-5678
	現住所（上記住所と異なる場合）　　同上		上に書いた住所と同じときは「同上」

緊急連絡先（上記保護者以外に1名書いてください）

名前（ 佐藤エルザ ）続柄（ 母 ）電話番号（　　090-8765-4321　　　　）

家族構成

氏名	生 年 月 日	続柄	氏名	生 年 月 日	続柄
佐藤パウロ	1960年10月1日	祖父			
佐藤エルザ	1985年8月1日	母			

41

4．外国人許可願書 …本冊87ページ

入学申請書

○○教育委員会

○○小学校に就学させたいので，許可願いたく申請します

> サインでもいいです

平成 29 年 10 月 25 日

申請者氏名　高橋ミゲル・真一　㊞（高橋）

就学児童氏名	高橋あおい
生年月日	24 年 4 月 15 日　　性別　　男　⦅女⦆
児童住所	〒320-8540　栃木県宇都宮市旭１丁目１－１
就学希望校	宇都宮市立東宇都宮小学校
就学期間	2018年４月～2024年３月
希望する理由	日本定住のため、日本の教育を受けさせたい
保護者氏名	フリガナ　タカハシミゲル　シンイチ（続柄　父　） 高橋ミゲル・真一
保護者住所	栃木県宇都宮市旭３丁目３－３
保護者電話番号	090-1234-5678

> 希望する理由（学校に行きたい理由）を具体的に書きます
> 外国籍児童生徒には就学義務がないため、就学を希望する理由を聞かれます。
>
> 例1　日本生まれ、日本育ちで日本語しかできないから日本の学校へ入れたい
> 例2　ブラジル人学校までの通学時間が長すぎるから（電車と徒歩で２時間）

42

5．就学援助費申請書　…本冊88ページ

就学援助費申請書

○○長　様

私は下記の理由により就学援助費の支援を受けたいので申請します

平成 28 年 2 月 10 日

保護者氏名　山本敦子　　㊞

住所　〒572-8555　大阪府寝屋川市本町１−１

電話番号　自宅（072-111-1111）　携帯（090-1234-5678）

申請理由　①　経済的理由により就学が困難なため
　　　　　　② 病気，事故，災害などにより就学が困難なため
　　　　　　③ その他（　　　　　　　　　　）

審査に当たり，世帯全員の平成　　年度市民税所得割課税額を調査，確認される事を承認します

平成 28 年 2 月 10 日

署名（保護者）（　山本敦子　）　㊞

> あなたが払った税金を調べます。ハンコを押さないと、就学援助は受けられません

振込口座

金融機関名	ＡＢＣ銀行	口座名（普通・当座）口座番号 1234567
店名	寝屋川支店	フリガナ　ヤマモトアツコ　口座名義人　山本敦子

> 援助費は銀行に入ります。銀行口座がない人は作りましょう。

世帯構成員票

家庭の状況	氏　名	続柄	生年月日	性別	備　考（電話等）
	山本ケン	父	1985年4月3	男	090-1111-2222
	山本ミランダ	長女	2010年1月3	女	寝屋川小学校

43

6. 名前調査票 …本冊89ページ

名前調査票　〇〇小学校校長

児童氏名 戸籍またはパスポートの通りに 正確に書いてください	オリバー・ジョージ・スミス・ヤマグチ Oliver・George・Smith・山口
児童生年月日	平成 21 年 11 月 5 日　（男　女）
住　　　所	茨城県つくば市桜2丁目22
保護者氏名	山口一郎
住所（上記と異なる場合）	同上
学校で使いたい名前	フリガナ　ヤマグチソウイチロウ 山口総一郎

上に書いた住所と同じときは「同上」

戸籍・パスポートと違う名前（日本名や短縮した呼び方）を学校で使いたい人は書いてください。

＜注意＞
①卒業証書に上記の名前を使いたいときは担任に相談してください。
②学校内外の公的書類ではパスポートの名前を使います.

こども2

7. 食物アレルギー調査票　…本冊93ページ

2017 年　2 月　11 日

食物アレルギーのある方は、書いてください。代替食品による対応をいたします。

対象者氏名	ふりがな　ちん　しの 陳 志乃	年齢・性別	5 歳 □ 男　☑ 女
保護者氏名	陳 亜希	電話：03-1234-5678 携帯：090-1122-3344	FAX：　無

問1. アレルギーの原因となる食物は何ですか？

（例：卵、大豆、牛乳、小麦、そば、ピーナッツ、カニ、エビ、さば　など）

卵、小麦

問2. 食べさせてはいけない（食べられない）加工食品は何ですか？できるだけ詳しくお書きください。　（例：マヨネーズ、カレーのルー、チーズ、ウインナー　など）

マヨネーズ、パン

問3 問2の食物を食べるとどうなりますか？

（かゆくなる）　嘔吐する　下痢する　湿疹が出る　息が苦しくなる

その他（　　　　　　　　　　　　　　　　　　　　　）

問4. アナフィラキシーショックを起こしたことがありますか？　　はい　・　（いいえ）

問5. 医師の証明書がありますか？　　　　　　　はい　・　（いいえ）

問6. 希望する対応に✔印をつけてください。（複数回答可）

□ 特に対応はいらない　　☑ 事前に献立を知らせてほしい　　□ 代替食品を希望する

問7. その他特記事項がありましたらご記入ください。

特になし

8. 就学児健康診断健康調査票 …本冊94ページ

就学時健康診断健康調査票

記入日　平成　29　年　11　月　20　日

就学予定者氏名	フリガナ　ヨシダ　ミズキ　エレナ 吉田　瑞希　エレナ　　　　男　　（女）
就学予定者生年月日	平成　24　年　10　月　15　日
住所	南広島市西町3-5-7　西町アパート201号室
保護者氏名	フリガナ　ヨシダ　イチロウ　フェルナンド 吉田　一郎　フェルナンド　続柄（　父　）
住所（上記と異なる場合）	

> 上に書いた住所と同じときは書きません

1　生まれたときの様子で特に知らせたい事があればかいてください

> 例　①2200グラムでうまれました。しばらく保育器に入りました。
> 　　　いまでも身体が小さい方です。
> 　　②うまれるとき長い時間がかかりました。途中で帝王切開になりました。

2　予防接種（○をつけてください）

BCG	（済・未）	風しん	（済・未）
DPT三種混合	（済・未）	水ぼうそう	（済・未）
ポリオ	（済・未）	はしか	（済・未）
日本脳炎	（済・未）	おたふくかぜ	（済・未）
ツベルクリン反応	（未・陰性・陽性）		

これまでに受けた予防接種で困った事はありますか

> 例　①風しんの予防接種の後，熱を出しました。
> 　　　医者からは，予防接種を受ける前に，熱の事をかならず伝えるように
> 　　　言われました。
>
> 　　②注射をすると，必ずはれてあかくなります。
> 　　　医者は特に問題ないと言いましたが、私は心配です。

> ここは、上の注射を受けて、何か問題が
> あった場合に書きます。

46

ことばノートH (72ページ)

3　今までにかかった病気に○をつけてください

はしか	風しん	水ぼうそう	おたふくかぜ	ぜんそく	川崎病
結核	腎臓病	アトピー性皮膚炎		アレルギー性疾患	
その他（				）	

それらの病気について，伝えておきたい事があれば，書いてください

上で選んだ病気について説明してください。

例　①1才の時，川崎病になりました。毎年，検査を受けています。
　　　医師からは体育は大丈夫と言われましたが心配です。

　　②小児ぜんそくです．最近は，発作はほとんどありません

4　現在医師にかかっている病気はありますか

ここは、今かかっている病気があれば書きます。

例　①アトピー性皮膚炎がひどく，毎週皮膚科へ通院しています。
　　　一日に3回，薬をつけます．学校でどうしたらいいですか．
　　②よく中耳炎にかかります。

ここは、1〜4以外で、何か子供の問題があれば書きます。

5　お子様のからだや心のことで，しらせておきたいことがありますか

例　①来たばかりでにほんごがわかりません。
　　②幼稚園に行ってません．集団生活が心配です。
　　③みんなの前で大きな声がだせません。
　　　当てられるのがきらいです。

6　就学時健康診断で，配慮して欲しい事があればお書きください

例　日本に来て3ヶ月です。
　　日本語がわかりません。よろしくおねがいします。

9．児童（生徒）調査票　…本冊98ページ

平成 29 年度児童調査票　新宿区　立アスク小学校

3年 2 組 20 番　記入者氏名（　田中健太郎　）記入日（平成 29 年 4 月 15 日）

児童	ふりがな 氏名	たなか　てぃえん　たん 田中・ティエン・タン	性別	男　女
	生年月日	平成 18 年 5 月 3 日生	保護者との続柄	長男
	現住所	郵便番号 162 － 0053 新宿区原町1-1	自宅電話	03-1234-5678
保護者	ふりがな 氏名（続柄）	たなかけんたろう 田中健太郎　　　（父）		
	連絡先（携帯 電話など）	090-1234-5678		
	ふりがな 氏名（続柄）	たなかぐえん 田中グエン　　　（母）		
	連絡先（携帯 電話など）	090-98765-4321		

緊急連絡先
（保護者以外）　名前　田中浩太郎　　続柄　祖父
電話番号 03-5555-6666

家族構成	続柄	氏名	年齢	学校（学年）	備考
	兄	田中アイン	12	6	

平成 29 年度児童調査票　新宿区 立アスク小学校

健康状態	学校に伝えておきたい病気・ケガ・アレルギーなど	病気　中耳炎 ケガ　右足骨折（交通事故による） アレルギー　卵アレルギー（卵料理は食べられないが、ケーキ、ハンバーグのつなぎなど少量なら大丈夫）		
生活環境・その他	帰宅先（○をつけてください）	自宅へ直接　　　　学童保育 その他（祖父宅　19時に母が迎えに行き自宅に戻る　）		
	親しい友達（本校在籍児童）	名前（　上杉まさし　　　）　3　年　　1　組 名前（　金田まこと　　　）　4　年　　2　組		
	習い事（塾・音楽・スポーツなど） （例　ピアノ　週1回）	1（アスク英会話教室）　週　2　回 2（　新宿柔道教室　）　週　1　回 3（　　　　　　　　）　週　　回		
要望等	学校への要望、子どもの特記事項（特に伝えておきたいこと）をお書きください ティエンは、まだ日本語がよくわかりません。家ではベトナム語で話しています。お友達ができるかどうか、とても心配しています。先生とたくさん連絡とりたいです。			
自宅付近の略図	特に通学路、目印になる建物などを詳しくかいてください			

小学校

ローソン

自宅

10. 給食費減免申請書 …本冊100ページ

平成 29 年 11 月 5 日

流山市長 殿

（住所）千葉県流山市平和台１丁目１－１

（児童生徒氏名）吉川光彦フェルナンド

保護者氏名　吉川孝彦　㊞

保護者住所（上記と異なる場合）

ハンコがなければサインでもＯＫ

電話番号　04-7777-8888

児童又は生徒との続柄（　　　父　　　）

○○学校給食費減免申請書

平成 29 年度分の学校給食費について減免を受けたいので、次のとおり申請します。

減免の対象となる児童又は生徒	学校名	流山市立流山北		学校	学年等	３ 年 ２ 組
	フリガナ	ヨシカワミツヒコフェルナンド				
	氏名	吉川光彦フェルナンド				
申請理由		平成29年10月25日に父親（吉川孝彦）が勤務先（９マート東条店）を健康上の理由で退職し，平成29年11月５日（申請日）現在，失業手当の支給を待っている．他に３人子どもがおり，加えて義父母への仕送りも必要であるため，光彦の給食費を支払う事が困難になったため				
申請事由の発生日		平成29 年　10 月　25 日				
その他						

11. インフルエンザによる欠席届・治癒報告書　…本冊101ページ

＜インフルエンザによる欠席届・治癒報告書＞

流山北小学校長 殿

　　　　　3 年　2 組　　氏名 吉川光彦フェルナンド

下記の疾患について平成 29 年 2 月 10 日に医師の診断を受けました

病名　インフルエンザA型　　お医者さんが言ったことを書きます

出席停止の期間　　　2 月 10 日〜 2 月 16 日

　2 月　17 日から登校する予定です．

受診した医療機関名　流山市民病院

医療機関の電話番号

　　　　　平成 29 年 2 月 10 日

　　　　　保護者氏名　吉川孝彦　　　　　㊞

> 子どもがインフルエンザにかかったときは、このような書類（『治癒報告書』、『治癒届』、『出席停止解除願』などと呼びます／学校にあります）を使って学校に連絡します．親が書きます。その時、病院に行ったことがわかる書類（調剤説明書や領収書など）をいっしょに出します．

12. 連絡帳（れんらくちょう） …本冊（ほんさつ）102ページ

記入日（きにゅうび）　　年　　月　　日

	教科	予定
1		
2		
3		
4		ここには親は書きません。
5		
6		
宿題		
もってくるもの		
学校からの連絡		親（おや）が書（か）くのはここだけです。
家庭からの連絡： （欠席、遅刻、早退など）		明日の朝、アトピー性皮膚炎の薬をもらいに皮膚科に連れて行くので遅刻します。 3〜4時間目から出席しまさせます。

連絡帳（れんらくちょう）をかくときは、わかりやすくかきましょう。

・いつ：午前中（ごぜんちゅう）、午後（ごご）、給食（きゅうしょく）の前（まえ）など
・いつ登校（とうこう）できるかわからに時（とき）は
「医者（いしゃ）へ行（い）ってから学校（がっこう）へ行（い）く」のようにかきます。

例（れい）　1. 午前中（ごぜんちゅう）、滞在（たいざい）ビザ更新（こうしん）のため入管（にゅうかん）［入国管理局（にゅうこくかんりきょく）］に行（い）きます。
　　　　　はやく帰（かえ）れたら登校（とうこう）します。よろしくお願（ねが）いします。

　　　　2. けんばんハーモニカをもっていません。
　　　　　どうしたらいいですか。

　　　　3. ○○はにほんごがわかりません。
　　　　　にほんごのクラスがあるときいたので、行（い）かせたいです。

引っ越し

1. 転居届 …本冊106ページ

届け出年月日		転送開始年月日	
西暦 20 17年 4月 19日		西暦 20 17年 5月 7日	

旧住所

〒 730-0836　広島　都・道 **府・(県)**　広島　**(市)・区 郡**

中　**(区)・町 村**　5 丁目　5 番地　　号

B 号棟　205 号室（マンション名：コーポアスク201　　　　）

同居の場合：　　　　　様方　Tel：　082（ 1111 ）2222

転居者氏名

フリガナ	タナカ		マコト	フリガナ	
氏名	(姓) 田中	(名)	誠	旧姓	
フリガナ	タナカ		エリー	フリガナ	
氏名	(姓) 田中	(名)	エリー	旧姓	
フリガナ				フリガナ	
氏名	(姓)	(名)		旧姓	
フリガナ				フリガナ	
氏名	(姓)	(名)		旧姓	

一緒に引っ越す人みんな（家族）の名前を書いてください

名字と名前を分けて書きます

上記の転居者以外で引き続き旧住所にお住まいになる方の有無・人数

いません ● 　　います ○ 　いますの場合→　人数：　　　　人

新住所

〒 174-0044　東京　**(都)・道 府・県**　板橋　市・**(区) 郡**　相生　区・**(町) 村**

5 丁目　2 番地　14 号

号棟　603 号室（マンション名：エメラルドコート　　　　）

同居の場合：　　　　様方　Tel：| 0 | 3 | 2 | 2 | 2 | 3 | 3 | 4 | 4 | | | |

ハイフンを入れず市外局番から左詰で**連絡が取れる番号を必ず**ご記入ください（携帯番号可）

転居届提出者氏名　　田中　エリー　㊞

転居者との続柄　　本人 ○ 　家族 ● 　同居者 ○ 　従業員等 ○

電話番号の数字だけ書いてください。
携帯電話でもいいです

53

2. 電気・ガス・水道　使用停止の申し込み　…本冊109ページ

「必須」のところは必ず書きます

ご使用場所番号 （お客様番号）： 必須	100-1234-567 ※「ガスご使用量のお知らせ」／「電気ご使用量のお知らせ」 ／「ご使用水量のお知らせ」に記載されている番号	
ご使用を停止する住所	郵便番号　必須：　730 － 0013　（半角数字）	
	都道府県　必須：　広島県　行政市区　必須：　広島市	
	行政町　必須：　中区　　丁目　：　8	
	番地・号　必須：　8－8	（全角）
	建物形態　必須：　　☑集合住宅　　○一戸建て	
	建物名：　メゾンドヒロシマ	（全角）
	部屋番号：　２０３	（全角）
ガスメーターの 位置　必須	弊社の作業者が、お客様の立会いなく、単独でガスメーターまで行くことができますか？　☑はい　　○いいえ	
ご使用者名 （全角）	お名前　必須：山田 次郎	（漢字）
	フリガナ 必須：ヤマダジロウ	（全角カナ）
精算料金の支払 い方法　必須	○現在と同じお支払い方法 （口座振替またはクレジットカード支払いの場合） ○お引っ越し先への払込書送付 ☑作業当日に作業者へ現金でお支払い（※立会いが必要）	
ご使用停止の 希望日時	第1希望日時　必須：　2017 年 10 月　29 日 第2希望日時　必須：　2017 年 11 月　1 日	
お止めする理由	☑転居　　○一時閉栓　○その他	
お申込者 （ご契約者との 関係）	☑本人　　○ご家族　　○不動産会社　○その他	
お申込者の連絡先	090 － 1234 － 5678	

ガス会社の人が一人だけでガスメーターまで行くことができますか？

3. 電気・ガス・水道　使用開始の申し込み　…本冊110ページ

ガスを開ける住所 （全角）必須	郵便番号　必須：　162 - 8558　（半角数字）	
「必須」のところは 必ず書きます	都道府県　必須：　東京都 行政市区　必須：　新宿区	
	行政町　必須：　下宮比町　　丁目：　2	
	番地・号　必須：　　6　　（全角）	
	建物形態　必須：　　🗸集合住宅　　○一戸建て	
	建物名：アスクマンション（全角）	
	部屋番号：１１０１　　　　（全角）	
	オートロック：　🗸有　　　○無	
ご使用者名 （全角）	お名前　必須：　山田 次郎　　　　　　（漢字）	
	フリガナ 必須：　ヤマダジロウ　　　　（全角カナ）	
電話番号（半角）：	090 - 1234 - 5678	
ご使用開始の希望 日時	第1希望日時　必須：　2017年　　11　月　　2　日 　　　　　　　　　　　　　　13 時〜　　15　時頃 第2希望日時　必須：　2017年　　11　月　　3　日 　　　　　　　　　　　　　　12 時〜　　16　時頃 ※月曜日〜土曜日の17時以降をご希望の場合は、お電話でお申し込みください。	
立会いしていただ ける方	○本人　　🗸代理人（🗸ご家族　○不動産会社　○その他） ※「代理人」の方は下記の項目に必ずご回答ください。 お名前（カナ）　ヤマダハナコ 電話番号（半角）：　090 - 1111 - 2222 　　　　　　　○自宅　🗸携帯　○勤務先	
お申込者 （ご契約者との ご関係）	🗸本人　○ご家族　　○不動産会社　○その他	
お申込者連絡先 （半角）	E-mail　　　　　：　yamada @ imail.com E-mail（確認用）：　yamada @ imail.com ※入力間違いを防ぐため、コピーせずに入力してください。 電話番号：　090 - 1234 - 5678 　　　　　○自宅　　○携帯　🗸勤務先	

55

4．インターネットプロバイダの解約届　…本冊112ページ

> 「お客様番号」「お客様コード」などの番号です。契約書を見ましょう。

お申し込み日：2017年 12 月 10 日

【1】ご登録情報について、全ての項目をご記入ください。

名前	フリガナ ヤマダイチロウ 山田一郎	お客様コード						
		J	2	5	M	A	4	4	2
メールアドレス	yamada＠imail.com							
登録住所	〒665-0032　　都・道　　　兵庫　府・⊗　　　　　宝塚 区・㋳・郡 東洋町1－1							
電話番号	0797-71-1141							
解約希望日	2018年1月20日							

> いつ解約したい（やめたい）ですか

※解約後のご住所が上記と異なる場合は、新住所をご記入ください。

新住所	〒669-1513　　都・道　　　兵庫　府・㋭　　　　　三田 ㋗・市・郡 三輪2丁目1－1
電話番号	079-563-1111

【2】郵便または、FAXでお送り下さい。

　　宛先：〒104-0000　東京都○○区○○3-3-3　　株式会社□□
　　FAX：03-3333-3333

> 郵便で送る場合は、この宛先を封筒に書いて、切手を貼って出します。FAXの場合は、この番号に送信します（FAXはコンビニでもできます）。